Remy Eyssen, geboren 1949, hält sich für einen ganz normalen Großstadtmenschen. Doch der langjährige Überlebenskampf im Dschungel von Deutschlands beliebter Loden-Metropole hat natürlich seine Spuren hinterlassen.

Jetzt entschloß sich der Autor, auch seine Mitmenschen an seinen vielfältigen Erfahrungen teilhaben zu lassen. Ein Unterfangen, von dem er sich weder durch die Einwände seiner Frau, den Protest seiner vierjährigen Tochter noch das Gebell seines Hundes abbringen ließ.

Hier sind sie also, die »guten Ratschläge«, mit denen der unverdrossene Autor seine Freunde verprellen, seine Geschäftspartner schockieren und seine Familie ins Exil treiben wird. Er selber sieht dieser düsteren Zukunft gelassen entgegen.

Nach dem Motto: Lieber ein paar ordentliche Feinde als gar keine Bekannte.

Von Remy Eyssen sind bisher als Knaur-Taschenbücher erschienen:

»Ich hasse Computer!« (Band 2100)
»Liebe Deinen Nächsten, sooft Du kannst« (Band 2164)
»Hilfe, ich bin neurotisch« (Band 2165)

Originalausgabe 1987

Umschlaggestaltung Adolf Bachmann, Reischach
Umschlagillustration Brigitte Schneider, Lüftelberg
Satz IBV Satz- und Datentechnik GmbH, Berlin
Druck und Bindung Clausen & Bosse, Leck
Printed in Germany 5 4 3 2 1
ISBN 3-426-02195-1

Remy Eyssen:

Das Scheckbuch für Pleitegeier

Knaur®

Für Vivi, Kati und Leni

Warnung

Dieses Buch steckt voller Hinterlisten, Tricks und bösen Späßen. Damit werden Moral und Humor des Lesers auf eine harte Probe gestellt.
Bei folgenden stark gefährdeten Personenkreisen können lebensverändernde Nebenwirkungen nicht ausgeschlossen werden:
Politiker, Ehepaare, Karriere-Hengste, Flitterwöchner, Arbeitstiere, Abteilungsleiter, Aufsteiger, Absteiger, Insider, Angeber, Kochkünstler, Singles, Doubles, Familienväter, Tierfreunde, Beamte, Hausmeister und Eisenbahner.
Die gefährdeten Personen sollten sich vor der Lektüre mit ihrem Vorgesetzten besprechen.

Der Minister für Umweltschmutz
und moralische Entrüstung

Inhalt

Wer ist Frederico?

»Weißt du, was daraufhin Frederico sagte?« Der Bursche im Flatterpulli und der schwarzen Sonnenbrille, die selbst den Blues Brothers zu auffällig gewesen wäre, machte mit seiner Zigarettenhand eine Geste, die er für wahnsinnig zufällig hielt. Leider traf dabei sein Ellenbogen mein Pilsglas, und ein guter Schluck Bier schoß gurgelnd in die Außentasche des Armani-Sakkos meines Nachbarn, das sicher mehr gekostet hatte, als eine durchschnittliche Familie in vier Wochen Rimini-Urlaub ausgab.

Aber das spielte gar keine Rolle. Erstens war das Jackett sowieso total verknittert, weil sein Besitzer das für ungeheuer schick hielt, und außerdem bemühte sich der Armani-Typ betont unauffällig darum, seine Zigarette fallen zu lassen, mit der er gerade seinem Nebenmann ein dekoratives Loch in die weiße Seidenhose gestanzt hatte.

»Frederico«, wiederholte der Flatterpulli, und seine Stimme wurde etwas lauter, »Frederico sagte nur: ›Bene, Hans.‹ Kannst du dir das vorstellen?«

Normalerweise hätte jetzt jemand fragen müssen: »Wer um alles in der Welt ist bloß Frederico?« Aber das hätte sich bei »Bergmanns« an der Bar kein Schwein getraut. Hier wußte natürlich jeder, daß es nur einen Frederico auf der Welt gab, der es wert gewesen wäre, daß man seinen Namen so laut aussprach, daß es auch die Leute außerhalb des Lokals noch mitbekamen. Es war natür-

lich der Italiener aus Cinecittà gemeint, der mit der Leidenschaft für große Titten und viel Spaghetti.
Wem das nicht klar war, der hielt lieber den Mund und schnaufte einen kurzen Lacher in seinen Whiskey-Sour, mit dem er seiner Umgebung signalisierte: »Ja, ja, das ist doch wieder mal ganz typisch mein alter Freund Frederico.«
»Bergmanns« Laden war zur Zeit so wahnsinnig »in«, daß es für manche Leute schon wieder schick war, ihn als »out« zu bezeichnen. Vor allem, wenn sie von Lokalchef Ron keinen Sitzplatz zugewiesen bekamen. Sitze wurden in der Bar so heiß gehandelt wie Porsche-Aktien an der Börse, und man mußte schon einen Namen haben, der nach Kohle, Fernsehen oder wenigstens verstaubtem Adel klang, um seinen Hintern irgendwo niederlassen zu dürfen. Und wenn der Name schon nichts mit Geld zu tun hatte, dann mußte er wenigstens für eines dieser kleinen Messingschilder gut sein, das Ron eines Tages an den Tisch schrauben würde. Von der Art: »Hier hat sich der berühmte Dichter Kasatschuk so besoffen, daß er ins Bierglas seines Verlegers pinkelte und anschließend versuchte, seinen Dobermann zu vergewaltigen.«
Bei der Auswahl seiner Besucher war Ron unerbittlich. Bestimmte Tische waren immer nur für die wirklich guten Gäste reserviert. Auch wenn sie den ganzen Abend leer blieben, während sich das gemeine Volk daneben so drängte, daß sich die Leute beim Feuergeben ständig die teuren italienischen Klamotten anzündeten.
Ron hieß früher Roland Berger. Das war allerdings zu einer Zeit, als die Drinks noch die Hälfte kosteten und Ron noch nicht sein Buch »So saufe ich richtig« geschrieben hatte.

Inzwischen war Ron eine Institution in der Stadt, und wer sich nicht regelmäßig im »Bergmanns« sehen ließ, war entweder krank, vorübergehend im Knast oder hatte so viel anschreiben lassen, daß er beim Erscheinen mit seiner sofortigen Festnahme rechnen mußte.
»Das Leben ist eine Hure«, das war Kasatschuk, der Hausdichter im »Bergmanns«, der sich abwechselnd für Hemingway, Norman Mailer oder Arthur Miller hielt. Ich glaube nicht, daß einer der Anwesenden jemals etwas von ihm gelesen hatte, aber irgendwie war es ihm trotzdem gelungen, einen erstaunlichen Bekanntheitsgrad zu erlangen. Das lag vor allem an seinen stilvollen Auftritten.
»Was sage ich, das Leben ist eine fette und gemeine Hure«, brüllte Kasatschuk, und alle lauschten gespannt dem großen Dichter, der langsam in Fahrt kam. Heute war offenbar sein Hemingway-Abend. Jedenfalls stocherte er beim Reden mit einer dicken Davidoff durch die Luft, während er in der anderen Hand eine halbleere Whiskey-Pulle schwenkte.
Es herrschte ehrfurchtsvolle Stille. Neben mir stand Walter, Literaturkritiker von »Eiszeit«, und schaute mit leuchtenden Augen und feuchten Brillengläsern zum Künstler hinüber, für dessen Ruhm er sich so sehr engagiert hatte. Zitternd versteckte sich Walter hinter seinem Glas Cuba-Libre und versuchte ruhig zu atmen: Hier pulsierte das pralle Leben, und Walter, der Klemmi, durfte mitten drinnen sein – ein Rausch der Gefühle. Walter war vor Aufregung völlig fertig.
»Das Leben«, philosophierte Kasatschuk in diesem Moment, »ist eine stinkige, bepißte Hure. Hast du kapiert, Spießer?« Damit hatte er einen harmlosen Schicki aus

Düsseldorf angebellt, der mit zwei Ruhrpott-Mäusen unterwegs war, um ihnen die große Welt zu zeigen.
Der Kumpel aus dem Norden zeigte wenig Sinn für bajuwarische Großstadtprosa und ließ nur einmal kurz die Faust nach vorne schnellen, die zusammen mit der Brilli-Rolex am Handgelenk gut und gerne ihre 30 Mille wert war.
Kasatschuk brach seine Dichterlesung ab und ging kommentarlos zu Boden. Die Ruhrpott-Miezen kicherten, und Literaturkritiker Walter stand kurz vor dem Herzinfarkt. Der Abend bei »Bergmanns« begann sich vielversprechend zu entwickeln.
So gegen neun Uhr abends treten sich hier die Gäste bereits auf die Füße, ohne sich dafür zu entschuldigen, weil sie längst kein Gefühl mehr in den Zehen haben. Aber richtig voll wird es erst gegen Mitternacht.
Das ist die Zeit, wo man ungestraft das Champagnerglas des Nebenmanns leeren darf, ohne dabei die Hände zu benutzen.
»Hallo, Tanja, hat's dich auf der Flick-Party auch so angeödet?« fragte ich vertraulich meine Nachbarin, der es irgendwie gelungen war, ihre Haare zu einem grünen Mecki aufzustellen, und deren Flatterjeans am Knie dekorativ aufgerissen waren, was auf teuren Boutiquegeschmack schließen ließ.
Natürlich hatte ich die Frau noch nie vorher gesehen, und ob sie Tanja hieß, wußte ich auch nicht. Aber dafür wäre ich auch nie auf ein Millionärsfest eingeladen worden, was sicher auch für sie zutraf, und so begann unser Gespräch zumindest mit gleichen Chancen.
»Es war ja tödlich«, stöhnte sie mit einer langen Betonung auf dem »ö« und gab sich nicht mal Mühe zu

überlegen, ob sie wirklich Tanja hieß oder mich schon mal irgendwo gesehen hatte.

In dieser Stadt log man sich einfach permanent was in die Tasche. Das gehörte zum Spiel. Wer mitmachen wollte, mußte ständig den Eindruck erwecken, als wäre er längst über alles informiert, überall dabei, immer eingeladen, ewig betrunken oder wenigstens meistens stoned.

Zum guten Ton gehörte außerdem noch, daß man gerade pleite gemacht oder sich wenigstens irgendeine neue Geschlechtskrankheit aus den Tropen mitgebracht hatte.

In diesem Moment kam Horst herein. Er war gerade total auf dem Körpertrip. Vor einigen Monaten hatte er sich erst eine komplette Bodybuilding-Anlage in sein zedernholzgetäfeltes Büro bauen lassen. Aber da ihn dort zuwenig Leute beim Training bewundern konnten, hatte er sich jetzt ein Rennrad gekauft, das so teuer war, daß man von dem Geld sicher zehn Jahre lang Taxi fahren konnte.

Dazu trug Horst natürlich das passende Dreß. Das wäre noch erträglich gewesen. Doch richtig lästig war, daß er auch sein Rennrad ständig mit sich herumtrug. Jeder, der ihn darauf ansprach, bekam sofort das Rad in die Hand gedrückt.

»Schätz mal, was das wiegt«, fragte Horst. Diesmal mußte Literaturkritiker Walter daran glauben. Jeder wußte natürlich, daß das blöde Rad genau 9,2 Kilo wog, aber Horst war glücklich, wenn er einem diese Sensation erzählen durfte.

»Nur 9,2 Kilo«, sagte Horst stolz und strahlte dabei wie der Papst an Ostern, »ist das nicht der Wahnsinn?«

Das Verrückte an der Sache war, daß jeder dieses idiotische Spielchen bereitwillig mitmachte, was aber nur daran lag, daß Horst der einzige echte Filmproduzent im Kreis dieser Wichtigtuer war und jeder sich heimlich irgendeinen Job von ihm erhoffte.

Das »Bergmanns« war wirklich eine bekloppte Kneipe. Aber was half's? Es gibt nur eine sichere Methode herauszufinden, was in einer Stadt wirklich los ist: Man muß die richtige Bar kennen.

Die sogenannten »In«-Kneipen sind die eigentlichen Arbeitsämter, Partyräume, Aufreißschuppen, Kummerkästen und Psychostudios von heute. Kein Mensch kann es in der Großstadt noch zu Ansehen, Reichtum, einer schönen Frau oder wenigstens einem ordentlichen Kredit bringen, wenn er nicht die richtige Kneipe mit den richtigen Leuten kennt.

Früher, da konnte man noch mit Ehrlichkeit und frühem Aufstehen ein Vermögen verdienen. Doch die Zeiten haben sich radikal gewandelt. Es gibt eine bestimmte Menge Geld, die man dringend zum Leben in der Stadt braucht, und die läßt sich heute einfach nicht mehr auf anständige Weise verdienen.

Der »Weiße-Kragen-Job« ist längst passé. Das Wort hat inzwischen der raffinierte Einzelkämpfer. Der Mann oder die Frau, die alle Kniffe kennen. Die wissen, wie man wen und wo kennenlernt. Die begriffen haben, daß der meiste Spaß umsonst sein kann, die längst die Schwächen ihrer Gegner erkannt haben und bereit sind, diese auch rücksichtslos auszunutzen.

Das Überleben in der Großstadtgesellschaft ist hart, aber modern. Denn nirgendwo sonst bieten sich so gute Möglichkeiten, ohne jede Kenntnisse, Ausbildung oder

Bargeld zu Ruhm und Ehre zu kommen, wie auf den endlosen Partys, Empfängen, Feiern oder in den Kneipen, die es eben nur in unseren Metropolen gibt.
Die wahren Überlebenskünstler leben wie die Made im Speck und kommen auch noch ganz ohne Geld aus – aber bis dahin ist es ein langer Weg.
Nur durch hartes Training, Cleverness und das Ausnutzen aller Möglichkeiten kann es gelingen, diese höchsten Weihen eines Großstadtkämpfers zu erleben. Aber Vorsicht, Sie sind nicht alleine, und die Konkurrenz ist auch nicht auf den Kopf gefallen!
Das kleine Überlebenshandbuch für die Großstadt soll dabei helfen, sich gewisse Grundkenntnisse bei der Jagd nach Ruhm und Glück anzueignen. Weidmannsheil!

Die richtige Kneipe

Deutschlands Städte sind weltbekannt für ihre Kneipen. Für einen Rausch in einem original Münchner Bierkeller reisen Amerikaner zum Beispiel um die halbe Welt. Dann sitzen sie glücklich an langen Holztischen und schunkeln mit Japanern in Lederhosen und Gamsbarthut. Solche Kneipen meidet der Großstadtkämpfer natürlich wie die Pest; es sei denn, er braucht eine Anlaufadresse in Tokio oder Washington.

Wir sind dagegen immer auf der Suche nach der »richtigen« Kneipe. Das ist die Bar, in der »man« sich gerade trifft. Warum und wann welches Lokal zu eben »dem Lokal« wird, ist ein unlösbares Geheimnis, das schon ganze Generationen von Kneipenbesitzern in den Wahnsinn getrieben hat.

Das »In-Lokal« erkennt man an verschiedenen Merkmalen:

1. Es liegt immer irgendwo in der Innenstadt.
2. Es ist völlig leer bis um 22 Uhr, füllt sich dann aber schlagartig. Bis gegen ein Uhr morgens kann man sich kaum noch umdrehen, und um fünf nach eins sind alle Gäste wieder verschwunden.
3. Es ist von außen völlig unauffällig, wenn man mal von den davor geparkten Porsches und VW-Cabrios absieht.
4. Es gibt garantiert keinen legalen Parkplatz in der Nähe.

5. Der Chefkellner hat meist einen englisch klingenden Namen und kassiert den Drink sofort.
6. Wenn Sie sich irgendwo hinsetzen wollen, kommt sofort einer der Ober und fragt etwas von der Art: »Sind Sie auch ein Gast von Belmondo?«
7. Die Gespräche drehen sich immer um die gleichen Themen: Klamotten, Autos, Geldverdienen.
8. Wenn Sie um fünf nach eins die Kneipe verlassen, fragen Sie sich jedesmal: »Warum bin ich eigentlich hierhergekommen?«

Mit dieser Liste ausgerüstet, sollte es Ihnen eigentlich nicht sonderlich schwerfallen, die tonangebende »In-Kneipe« Ihrer Stadt zu finden.

Das Abenteuer vor der Haustüre

Wer in unserer Gesellschaft noch etwas erleben will, hat's schwer. Der Spielraum ist knapp geworden zwischen Volkszählung, Steuererklärung und ständigem Katalysator-Geunke.

Seit sogar das Freizeitverhalten der Bundesbürger vom Computer untersucht wird, haben auch die letzten Bohemiens die Flinten ins Korn geworfen und eine anständige Lebensversicherung abgeschlossen.

Freiheit ist ein Begriff, den die meisten Großstadtmenschen nur noch aus der Zigarettenwerbung kennen. Dann träumen sie von fernen Ländern, buchen einen Abenteuerurlaub oder donnern, »Heia, Safari«, im offenen Jeep zur Cafeteria um die Ecke.

Zunächst waren es nur einige unauffällige Randexistenzen, die dieser Gesellschaft von Pflichtversicherten den Kampf angesagt haben. Inzwischen erkennen aber immer mehr, daß die Freiheit nicht darin besteht, auf einer einsamen Insel Kokosnüsse zu zählen, sondern hierzubleiben und die Tücken des Alltags mit Cleverness zu überwinden.

Die Abenteuer erwarten den Großstadtmenschen an jeder Straßenecke, in jedem staubigen Amtszimmer und oft sogar schon hinter der eigenen Wohnungstüre.

Das Überleben kann man lernen. Und wem es gelingt, den Gerichtsvollzieher um ein bißchen Bargeld anzugehen, befindet sich auf dem richtigen Weg.

Natürlich ist das Überleben in den Großstädten von

heute ein Kampf der kleinen Schritte. Die Wirtschaftswunder-Generation träumte vielleicht noch von Millionen, der Großstadtkämpfer von heute gibt sich schon mit einem bescheideneren Glück zufrieden. Nach dem Motto: Wann erlebe ich endlich einmal einen Tag ohne Reklamebroschüren für Trimmgeräte, Präservative oder Heckenrosen in meinem Briefkasten?

Im »Scheckbuch« sollen Sie einige ungewöhnliche Wege kennenlernen, um mit den täglichen Anschlägen auf ihr persönliches Glück fertig zu werden. Die erfahrenen Einzelkämpfer im Dschungel der Asphaltschluchten haben den Bogen raus: Mit ein paar Kniffen und ein bißchen Humor lassen sich Streß und Existenzangst in Sicherheit und Euphorie verwandeln.

Einige Kapitel sind mit Tests verbunden, mit deren Hilfe Sie selber feststellen können, ob Sie schon fit sind, um auch den schwierigeren Herausforderungen, die der Kampf in der Großstadtgesellschaft stellt, zu begegnen.

Eines ist in jedem Fall sicher. Wenn Sie das Programm dieses Buches absolviert haben und alle Tips beherzigen, landen Sie entweder hinter Gittern oder hinter einem Mahagonischreibtisch in irgendeiner Chefetage.

Während all die anderen Frustis oder Schlaffis sich aufs Land zurückziehen oder gar auf ein Überleben in Neuseeland hoffen, bleiben wir zu Hause – aber wie!

Die süße Freiheit

Alle reden vom Aussteigen, doch erst wenn man es mal wirklich angehen will, merkt man, auf was für einen harten Job man sich da eingelassen hat.
Wir kennen schließlich alle diese schönen bösen Gedanken: Wie man dem verhaßten Chef mal richtig die Meinung sagt oder dem Vorgesetzten eine Kanne Kaffee in die Schreibmaschine kippt und dann für immer wortlos das Büro verläßt.
Ach, wunderbar, diese heimlichen Ideen an der Bar nach dem fünften Pils oder auf dem freitäglichen Heimweg von der Lottostelle, wenn man mal wieder den einfachen Tip einschließlich Spiel 77 riskiert hat und so dem großen Glück für wenige ungestörte Minuten ganz nahe sein darf. Dann werden die tollen Vorsätze gefaßt. Denn außer dem Chef gibt es ja auch noch diese Zimtzicke von der Finanzbuchhaltung, die sich bei der Spesenabrechnung immer so auf die Hinterbeine stellt, als müßte sie alles aus der eigenen Tasche bezahlen – der könnte man auch mal ...
Dabei bleibt's dann gewöhnlich auch schon. Bis zum nächsten nüchternen Morgen ist der Zorn längst verraucht. Dann gehen wir wieder die Eingangsstufen zur Firma hoch, werden freundlich vom Pförtner begrüßt und drängen uns in den viel zu kleinen Lift: Blick starr an den Augen des Nebenmannes vorbei auf die Anzeigetafel mit den Stockwerken.
Einige gezwungene »Guten Morgen«, dann unser ge-

liebtes Büro: der Schreibtisch, auf dem der Nachbar mal wieder seinen ganzen unerledigten Müll abgeladen hat, der halbvertrocknete Gummibaum mit der zentimeterdicken Staubschicht auf den Blättern und die Kaffeetassen auf dem Fensterbrett, in denen schon der Schimmel steht.
Hier kann uns niemand etwas tun, hier fühlen wir uns geborgen – bis wir am Abend wieder die Türe schließen und schwören: Eines Tages, da hängen wir den ganzen Mist einfach an den Nagel...
Warum lassen Sie diesen Traum nicht einfach Wirklichkeit werden?
Für alle Zweifler unter den zukünftigen Aussteigern (keine Angst, da sind Sie nicht alleine) folgt hier ein kleiner Test, mit dem Sie prüfen können, ob Sie:
1. das Büroleben wirklich satt haben,
2. sich überhaupt als Aussteiger eignen.

Test: Reif für die Insel?

Bitte beantworten Sie alle Fragen mit einem ehrlichen »Ja« oder »Nein«.

1. Biegen Sie manchmal den ganzen Tag nur Büroklammern gerade?
2. Haben Sie kürzlich aus Wut über Ihren Vorgesetzten einen vollen Becher Joghurt in die Rohrpost gesteckt, damit den ganzen Laden für Stunden lahmgelegt und sich dabei auch noch sauwohl gefühlt?
3. Sind Sie schon mal mit Badehose und Luftmatratze im Büro erschienen?
4. Haben Sie sich im obersten Fach Ihres Aktenschrankes ein Baumhaus eingerichtet?
5. Haben Sie Ihren Chef schon mal mit »Aloha« begrüßt?
6. Haben Sie sich bereits erkundigt, ob die Jungs auf den Südseeinseln auch ungedeckte Euroschecks akzeptieren?
7. Haben Sie sich von Ihrer Frau zum Geburtstag das Buch »Barfuß durchs Himalaja« gewünscht, aber wieder nur ein Fachbuch von der Art »Ein Mann, ein Wort – so machte ich meine erste Million« bekommen?
8. Haben Sie sich bei Ihrer Bank erkundigt, in wieviel Jahrzehnten Ihr Haus abbezahlt ist?

9. Haben Sie im letzten halben Jahr schon mehr als 25mal im Büro laut »Scheiße« gebrüllt, die Tür hinter sich zugeschlagen, daß der Sparkassen-Kalender von der Wand segelte, und sich geschworen: »Dieser Laden sieht mich nie wieder«?

Ergebnis:

0- bis 3mal »Ja«:
Aussteigen werden Sie höchstens aus Ihrem Gesangverein, wenn Sie sich noch weiterhin weigern, das Ehrenamt als Kassenwart zu übernehmen. Sie sind vom Leben auf der einsamen Insel weiter entfernt als vom Mond. Ja, ja, so eine Ratenzahlung für den schicken CD-Player (digital), das Wohnzimmer (rustikal), das Schlafzimmer (horizontal) läßt sich kaum noch rückgängig machen. Kein Wunder, daß Ihr Chef immer nur milde lächelt, wenn Sie mit Ihren albernen Bitten um Gehaltserhöhung kommen. Machen Sie sich also nicht unglücklich: Fahren Sie auch im nächsten Sommer im Urlaub nach Sizilien. (Und vergessen Sie nicht, ein Extrazimmer fürs liebe Schwiegermütterchen mitzubuchen – das hatten Sie der Guten doch schon so lange versprochen.)

3- bis 6mal »Ja«:
Sie sind noch unsicher, ob Sie das Leben auf dem Lande wirklich dem neuen Audi »Quattro« vorziehen sollen. Aussteigen würden Sie ja schon ganz gerne, wenn man nur wüßte, ob der sündhaft teure Stereoturm im Wohnzimmer die salzige Südseeluft verträgt und welches Surfbrett zur Zeit auf den Malediven »in« ist. Tut

mir leid, aber jetzt müssen Sie sich endlich einmal entscheiden zwischen Lacoste und Latzhose. Mit dem Herzen sind Sie schon auf der richtigen Seite, nur Ihr Kopf und vor allem Ihre Frau wollen es noch nicht wahrhaben.

6- bis 9mal »Ja«:
Keine Frage, für Sie gibt es nur einen Weg: Knallen Sie dem Chef die Kündigung auf den Tisch. Vergessen Sie Ihre finanziellen Verpflichtungen. Was soll schon passieren? Das Auto ist geleast, und das Bett, in dem Sie schlafen, gehört Ihrer Freundin.
Sie haben den Mut, nein zur täglichen Tretmühle zu sagen und sich in ein Abenteuer zu stürzen, das tausendmal prickelnder ist als die lächerlichen Träume von den scharfen Thai-Mädchen, mit denen Sie Ihre Kollegen seit Jahren langweilen. Sie wollen da überleben, wo es am gefährlichsten ist: mitten im Dschungel der Großstadt. Kündigen Sie alle Verpflichtungen, Sie sind der geborene Sieger beim unerbittlichen Kampf gegen Behörden, Politessen und Zeitschriftenwerber.

Mit Pauken und Trompeten

Wenn Sie sich endlich entschlossen haben, Ihren Plan zu verwirklichen, bietet sich zunächst einmal die klassische Methode an:
Sie kommen eines Morgens in ihren bequemsten Klamotten ins Büro und schwenken in der einen Hand eine Flasche Champagner, in der anderen einen Briefumschlag. Damit preschen Sie schnurstracks in das Chefbüro.
Wenn die Sekretärin Sie aufhalten will, nennen Sie sie vertraulich »Spatzel« und geben ihr einen Klaps auf den Hintern. Dann rein zum Boß. Leider hat der gerade eine wichtige Besprechung, aber davon lassen Sie sich gar nicht abhalten. Sie gehen an die Gästebar und greifen sich zwei passende Gläser.
Jetzt reden Sie Ihren Boß zum erstenmal seit 15 Jahren mit Vornamen an, lassen den Champagnerkorken mit lautem Knall über den Mahagonischreibtisch flitzen und reichen dem Vorgesetzten ein überströmendes Glas vom Feinsten.
Während sich die Geschäftspartner mit einigen Höflichkeitsfloskeln verlegen entfernen, Ihr Chef nervös versucht, mit dem Werkschutz zu telefonieren, und die Sekretärin weinend in der Türe steht, klopfen Sie dem Boß vertraulich auf die Schulter und sagen etwas von der Art: »Karl-Heinz, wir hatten eine feine Zeit zusammen, aber von heute an mußt du zusehen, wie du den Laden alleine schmeißt.«

Normalerweise ist Ihr Boß in diesem Moment so verblüfft, daß er das Glas nimmt und gerührt mit Ihnen anstößt. Jetzt werden Sie aber gleich noch eine erstaunliche Erfahrung machen: Zum erstenmal wird er Ihnen ein finanzielles Angebot machen, nach dem Sie sich nie zu fragen getraut hätten.

Jetzt heißt es stark sein. Denken Sie daran: Sie wollten doch gehen! Obwohl Sie vielleicht in diesem Augenblick begriffen haben, wie der Hase im Geschäftsleben wirklich läuft und warum all die anderen unsympathischen Kollegen in den letzten Jahren so steil an Ihnen vorbeigezogen sind.

Ja, so geht's nun mal. Nicht mit höflichen Bücklingen, sondern mit scharfgeschliffenen Ellenbogen aus rostfreiem Stahl wird um die besten Plätze in der Managerebene gekämpft.

Dazu gehört auch, manchmal dem Vorgesetzten das Gefühl zu geben, daß sein Schreibtisch schon lange wackelt und Sie der einzige Freund sind, der ihm in diesem Laden geblieben ist – passen Sie auf, so etwas kann wahre Wunder wirken!

Wenn Sie das vorher gewußt hätten... Aber es wäre doch wirklich stillos, jetzt noch abzubrechen.

Ich kannte einen, der war in diesem Moment so gerührt, daß er sich entschuldigte, das Angebot »wirklich großzügig« nannte und erklärte, er werde sich die Sache noch mal überlegen. Dann verabschiedete er sich auch noch mit »herzlichen Grüßen an die verehrte Frau Gemahlin«. – Am nächsten Tag hatte er einen Brief mit der Versetzung in das Kellerarchiv auf dem Tisch.

Wenn es Sie also in diesem entscheidenden Augenblick wirklich packen sollte und Sie das Gefühl haben, viel-

leicht doch noch nicht ganz »aussteigebereit« zu sein, dann nutzen Sie halt Ihre Chance – aber richtig!
Beim ersten Angebot Ihres Chefs lachen sie lässig und erhöhen in jedem Fall auf die doppelte Summe. Denken Sie daran, Sie haben das Überraschungsmoment noch immer auf Ihrer Seite und werden sich wundern, was damit alles möglich ist.
Machen Sie die Sache am besten gleich perfekt. Lassen Sie Ihren Vorgesetzten irgendwas unterschreiben, denn es trennen Sie nur noch wenige Minuten von dem Augenblick, in dem der alarmierte Werkschutz im Zimmer steht und Ihnen die Chance Ihres Lebens vermasselt.
Natürlich dürfen Sie auch eine Bemerkung über die Frau Ihres Vorgesetzten machen. Etwa: »Grüßen Sie Gertie von mir, und lassen Sie sich beide in der nächsten Zeit mal zum Essen bei uns sehen.« – Das sind Sprüche, wie man sie in holzgetäfelten Büros von Ihnen hören will.
Beim Herausgehen sollten Sie noch etwas loslassen, das Ihrem Chef einige unruhige Nächte bereitet und ihn trotzdem in der Gewißheit zurückläßt, sich mit Ihnen einen unersetzlichen Verbündeten erkauft zu haben.
Blicken Sie zum Beispiel auf das protzige Gemälde über dem Schreibtisch (Abenddämmerung über dem Hafen), und murmeln Sie: »Scheußlich, aber das werden wir ja demnächst in aller Ruhe ändern können.«
Nicht vergessen: Beim Rausgehen die Türe offenlassen – wofür gibt es denn die Sekretärin?
Von nun an sind Sie wer in der Firma. Jetzt muß sich ein anderer um die Sammlungen für die Geburtstagsgeschenke der lieben Kollegen kümmern. Sie gehören ab sofort zu »denen da oben«. – Wollten Sie das denn wirklich?

Also noch mal schnell zurück zu der Stelle, an der das erste Angebot Ihres völlig verblüfften Chefs kam. Das mit dem Lächeln können wir lassen, aber es sollte nicht lässig, sondern mitleidig kommen. Es muß demonstrieren, daß Sie nicht käuflich sind. Aber leider wird Ihr Charakter in diesem Moment schon wieder auf die Zerreißprobe gestellt. Jetzt kommt die unvermeidliche Frage: »Na, wieviel zahlt Ihnen denn die Konkurrenz?«
Das soll nichts anderes bedeuten als: »Machen Sie doch mal einen Vorschlag, wie Ihre Gehaltsvorstellungen aussehen.« Ihr Marktwert ist also in den letzten Sekunden bereits erheblich nach oben geschnellt. Aber Sie lächeln immer weiter, schütten Ihrem Boß noch ein Glas Champagner ein und sagen: »Welche Konkurrenz? Ich steige aus.«
Ihr Chef wird fassungslos dastehen und gar nichts mehr sagen. Die Sekretärin wird mit einem Aufschluchzen fragen: »Soll ich den Betriebsarzt anrufen?« Doch Sie schmeißen nur lässig den Briefumschlag (den haben Sie doch noch in der Hand?) auf den Tisch und sagen: »Hier, meine Kündigung.«
Auch diesmal beim Herausgehen die Tür offenlassen. Damit unterstreichen Sie noch Ihre Verachtung für den ganzen Saftladen.
Mit dieser Aktion sind Sie mit ziemlicher Sicherheit endgültig draußen. Denken Sie daran, eine Rückkehr ins gemütliche Büroleben mit Kantinenmarken, Kaffeepäuschen, Urlaubsgeld und Weihnachtsgratifikation gibt es nicht mehr – ganz abgesehen von den Gratis-Kugelschreibern als Geschenk für die lieben Verwandten.
Aber egal, was geschieht, Ihr Abgang hatte wirklich Stil;

und keine Angst, die Chefsekretärin wird schon dafür sorgen, daß Ihr Auftritt eine Woche lang das Gesprächsthema Nummer eins in der Firma ist: Wie Sie betrunken auf den Tisch des Chefs gesprungen sind und nackt zwischen den Verträgen Sirtaki getanzt haben. Die Sache hat sich also in jedem Fall gelohnt...

Der stille Abgang

Als alternative Methode bietet sich auch noch das an, was der Profi-Aussteiger als den »stillen Abgang« bezeichnet. Er eignet sich besonders für Leute, die sich ihrer Sache noch nicht hundertprozentig sicher sind und sich den Rückweg nicht restlos verbauen wollen. In jedem Fall birgt diese Methode gegenüber der ersten unübersehbare finanzielle Vorteile, wenn sie auch vom moralischen Standpunkt her unbedingt abzulehnen ist.

Schließlich weiß jeder aufrechte Aussteiger, daß es zumindest eine Sache gibt, um die er sich keine Sorgen mehr machen will – das Geld. Denn darin besteht ja gerade der Witz beim Überleben in der Großstadt: Keine Kohle in der Tasche, aber die Nase trotzdem immer vorne. Da manche Leute jedoch erhebliche Schwierigkeiten haben, sich so ohne weiteres aus dem sozialen Netz zu lösen, hier noch einige Worte zum »stillen Abgang«.

Die Sache sollte so geplant sein, daß wirklich kein Mensch etwas von Ihren Absichten ahnt. Das wichtigste ist dabei das Kündigungsdatum. Es muß so geschickt mit gesetzlichen Fristen, freien Tagen und Urlaubsansprüchen zusammengelegt werden, daß Sie keine Sekunde länger in Ihrer Firma bleiben müssen, aber trotzdem noch eine Zeitlang weiter Ihr Gehalt kassieren.

Übrigens: Unbedingt zu vermeiden ist jegliche Art von Abschiedsfeiern. Sie kosten nur unnötig Geld und bringen Ihnen gar nichts.

Wenn Sie mit Kaviar und Champagner feiern, wird man Sie für einen maßlosen Angeber halten oder ist neidisch auf Ihre vermeintliche Superkarriere; feiern Sie dagegen nur mit Bockwurst und Brötchen, dann wird man sich über Ihre Knausrigkeit lustig machen.
In jedem Fall wird mal wieder zuwenig zu trinken dasein. Die immer gleichen Leute werden um Mitternacht in den Papierkorb kotzen, während sich die ewig gleichen Pärchen bilden, es kurz miteinander in der Abstellkammer treiben und sich dann wochenlang nicht mehr ins Gesicht sehen können. Und für all das wird man Sie und Ihre blöde Party verantwortlich machen.
Einstands- und Ausstandspartys sind etwas für Leute, die Angst haben, eigene Wege zu gehen, Karriere machen wollen oder hoffen, bis zur Pensionierung in der Firma ausharren zu können.
Als idealer Kündigungsmonat hat sich Mai/Juni (wegen der vielen Feiertage) erwiesen. Da soll es Leute geben, die mit nur zwei freien Tagen und der passenden Grippe einen ganzen Monat Urlaub machen. Lassen Sie sich von solchen Spezialisten beraten.
Mit etwas Geschick sollten Sie so die ersten Wochen der Freiheit bei voller Lohnfortzahlung genießen können.
Ein schlechter Aussteigertermin ist das letzte Jahresdrittel, da Sie dann unter Umständen auf Ihre Weihnachtsgratifikation verzichten. Ungünstig zum Kündigen sind auch die Monate Januar bis einschließlich April. Zu dieser Jahreszeit herrscht hierzulande meist regnerisches Wetter. Wenn dann so plötzlich der tägliche Bürostreß weg ist, kann das leicht zu Depressionen führen.
Es gibt dann noch eine andere, etwas elegantere, wenn auch moralisch höchst fragwürdige Alternative. Eine

Methode, an die sich nur feste Charaktere heranwagen sollten.
Zum Glück ist es ja heute fast unmöglich geworden, noch irgendeinen Angestellten zu feuern, es sei denn, er klaut Bestecke aus der Kantine oder versucht, den Chef auf dem Klo zu vergewaltigen.
Das führt bei den meisten Vorgesetzten zu tiefster Verbitterung, da sie meist einen ganzen Stab unerträglicher Angestellter über Jahre hinweg mitschleppen müssen.
Bei diesen Mitarbeitern handelt es sich um die sogenannten Büro-Pflaumen. Leute, die ihre Rechte kennen, denen der Job (meist zu Recht) zum Hals raushängt und die trotzdem beschlossen haben, noch bis zur Pensionierung durchzuhalten.
Erstaunlicherweise sind die meisten Büro-Pflaumen nicht nur bei ihren Vorgesetzten, sondern auch bei ihren Mitarbeitern unbeliebt. Kurz, sie schaden dem Betriebsklima. Also: Werden Sie eine Büro-Pflaume!
Das ist natürlich nicht ganz einfach und erfordert starke Nerven; aber es gibt einige Tricks, die mit Sicherheit helfen, Ihr gutes Image zu zerstören:

- Erzählen sie über Wochen und Monate hinweg immer den gleichen Witz.
- Räumen Sie Ihren Schreibtisch nicht mehr auf, lassen Sie angefangene Butterbrote zwischen den Akten kleben, und reinigen Sie sich die Zehennägel täglich mit der großen Papierschere.

Benehmen Sie sich also so schlecht, daß Sie für Ihre Umgebung unerträglich werden, ohne dabei jemanden zu beleidigen. Man muß sich über Sie beschweren, ohne Ihnen etwas Konkretes vorwerfen zu können. Seien Sie also pünktlich, aber unkooperativ.

Mit ein bißchen Glück wird Sie eines Tages Ihr Vorgesetzter zu einem Gespräch »unter vier Augen« rufen. Da wird er Sie zunächst für Ihre langjährige Mitarbeit loben und mit wichtigem Gesicht in Ihrer Personalakte blättern. Interessant wird es aber erst in dem Augenblick, wo er sagt: »... fragen wir uns ernsthaft, ob Sie in Ihrer jetzigen Position noch ausgelastet sind...«

Jetzt ist Ihre Chance gekommen. Schauen Sie besonders unglücklich, aber gleichzeitig so, daß er befürchten muß, Sie als lästige Büro-Pflaume für die nächsten 15 Jahre mitschleppen zu müssen. Wenn er jetzt anfängt rumzudrucksen und von »freiwilliger Veränderung mit einer gewissen Unterstützung von unserer Seite« spricht, ist der Moment gekommen. Er bietet Ihnen nämlich die Möglichkeit, zu kündigen und dafür eine fette Abfindung zu kassieren.

Nun heißt es gut pokern. Denken Sie daran: Diese Abfindung ist steuerfrei. Als Faustregel gilt: Versuchen Sie, ein halbes Jahresgehalt herauszuhandeln. Aber wie gesagt, einen Namen als Aussteiger haben Sie sich auf diese Weise nicht gemacht. Dafür werden bald im Büro Gerüchte die Runde machen, was für ein eiskalter Zokker Sie sind.

Das neue Leben

Den Job an den Nagel zu hängen und ins alternative Lager überzuwechseln ist natürlich keine Voraussetzung für das Leben als erfolgreicher Großstadtkämpfer. Da aber dieses Buch helfen soll, heimliche Wünsche nicht nur zu erkennen, sondern auch zu verwirklichen, und der Traum vom Aussteigen durch die Köpfe fast aller Angestellter zwischen 25 und 55 spukt, mußte dieses Problem hier einfach mal angesprochen werden.
Aber Vorsicht, das Leben auf dem Lande ist in der Praxis eine sehr lästige und schmutzige Angelegenheit, bei der man nicht nur höllisch früh aus den Federn, sondern auch noch mit den Hühnern und Hasen ins Bett muß. Ganz abgesehen von dem Problem, mal wieder die alten Kumpels in der Stammkneipe zu sehen, die vom heimischen Hof weiter entfernt ist, als man mit zehn Pils im Kopf und den Bullen im Rückspiegel ungestört fahren kann. Dafür halten sich die gesellschaftlichen Abenteuer auf den Schlachtfesten beim Nachbarbauern auch in bescheidenen Grenzen.
Die sogenannten exotischen Ziele sind für Aussteiger auch längst »out«, seit sogar Reisebüros Abenteuerurlaub mit Vollpension anbieten und die Indios aus dem Amazonas-Dschungel per Charter-Jet aufs Oktoberfest nach München kommen, wenn sie mal was richtig Spannendes erleben wollen.
Einsame Inseln können Sie vergessen, seit die Amis die besten Atolle radioaktiv verstrahlt haben, die Malediven

nur noch Kreditkarten akzeptieren, man auf Borneo bereits nach der Landung entführt wird und auf Paros nur noch mit D-Mark bezahlen kann.
Bleiben noch die Seychellen. Allerdings kostet hier die Übernachtung in der romantischen Bambushütte genausoviel wie das Air-condition-Zimmer im nahen Hilton. Und das einzig Abenteuerliche an Ibiza ist, daß die regelmäßige Abendmaschine nach Köln manchmal zehn Minuten Verspätung hat.
Bleiben wir also dort, wo das wirkliche und allerletzte Abenteuer lockt; dort, wo man mit der richtigen Einstellung, der nötigen Unverschämtheit und den passenden Kontakten nicht nur glücklich, sondern auch noch reich und berühmt werden kann: in der Großstadt.
Überlegen Sie sich die Sache mit dem Job also noch einmal in Ruhe, wobei eine berufliche Veränderung nach so vielen Jahren vielleicht nicht schaden kann. Besänftigen Sie sich dabei bloß nicht mit dem lächerlichen Argument, Sie könnten nur darum nicht gehen, weil Sie in Ihrer Firma unersetzlich seien: Kein Büromensch ist unersetzlich, und die anderen in der Firma lauern schon lange auf Ihren Job.
Noch eines sollten Sie in jedem Fall bedenken: Wenn Sie in Ihrem Laden eines Tages das Handtuch schmeißen, gibt es eigentlich kein Zurück mehr. Denn mit nichts könnten Sie den alten Kollegen eine größere Schadenfreude bereiten als damit, daß Sie eines Tages als gescheiterter Aussteiger wieder bei Ihrem ehemaligen Boß auf der Matte stehen und um einen Job betteln. Der Prestigeverlust ist in jedem Fall größer als die mögliche finanzielle Verbesserung.

Bist du wo, bist du was

Seit Jahrhunderten gilt die alte Regel: Zeige mir deine Freunde, und ich sage dir, wieviel Geld du verdienst. Nun soll es ja eine Menge Leute geben, denen es weniger auf Geld als auf gute Freunde ankommt. Auf der anderen Seite gibt es bei den weniger guten Freunden mit dem vielen Geld den besseren Champagner auf den Festen, und wer möchte da die anderen schon gerne alleine schlucken lassen.

Früher, in den guten alten Zeiten, kannte in der sogenannten besseren Gesellschaft jeder jeden. Das ist zum Glück heute nicht mehr so. Erstens gibt es angeblich keine bessere Gesellschaft mehr, und außerdem sind viel mehr Leute mit Geld, aber ohne Gesellschaft unterwegs, so daß es nicht allzu schwierig ist, Anschluß zu finden.

In den Metropolen verändert sich die gesellschaftliche Szene schneller, als man den Smoking wechseln kann, so daß auch der Außenseiter seine Abende nicht einsam zu Hause verbringen muß, wenn er nur mit Phantasie an die Sache geht.

Gerade Neulinge sind als »bunte Vögel« bei etablierten Gastgebern sehr willkommen. Dabei spielt es keine Rolle, ob Sie sich als Konsul von San Marco, Nobelpreisträger, berüchtigter Zuhälter oder frisch entlassener Gattenmörder einführen. Egal, was Sie tun oder getan haben, Sie müssen nur dafür sorgen, daß es möglichst viele Leute mitbekommen.

Das ist unter Umständen viel leichter, als mancher glaubt. Denn schließlich fehlt es in den besseren Kreisen an nichts so sehr wie an guten Ideen – und hier liegt Ihre Chance.
Jeder weiß, wie es bei den Leuten mit den feinen Villen und den Luxusyachten zugeht. In der einschlägigen Presse ist täglich die Rede von Schmiergeldaffären, Steuerbetrug oder Seitensprüngen. Wie schön muß es da für die geplagten Übeltäter sein, wenn endlich jemand über sie im Zusammenhang mit einer anständigen Aktion spricht.
Hier können Sie den Unglücklichen helfen. Nichts tun die Betuchten lieber, als ein bißchen Bares in eine Sache zu investieren, die nach Kultur oder notfalls auch sozialem Engagement riecht.
Noch eine Schwäche haben die Leute mit den prallen Brieftaschen: Sie lesen gerne über sich in der Zeitung – solange es etwas Gutes ist.
Irgendeinem höheren Gesetz gehorchend, werden die Menschen in diesem Punkt um so eitler, je mehr Kohle sie besitzen. Zudem wachsen auch noch der Neid und die Schadenfreude proportional mit dem Einkommen. So gibt es für ebendiese Leute nichts Schöneres, als in der Gästeliste irgendeines Festes erwähnt zu werden, in der der Konkurrent nicht vorkommt. Merken Sie so langsam, wo Ihre Chancen liegen?

Wie werde ich prominent?

Das wichtigste ist, den Trend der Zeit zu erkennen. Dabei tut man sich leichter, wenn man regelmäßig den Kulturteil einschlägiger Zeitungen studiert. Keine Angst, es genügt völlig, die Überschriften zu lesen und sich das Passende auszusuchen.
Die Frage lautet: Was ist kulturell gerade »in«? Vorsicht, gerade in diesem Punkt kann die Stimmung sehr leicht umschlagen. Noch vor kaum einem Jahr standen einem als Friedensnobelpreisträger alle Türen offen. Heute ist der Frieden so »out« wie die Bardot, Mutter Teresa oder die Robbenbabys.
Kein Schwein appelliert mehr an die Menschlichkeit. Wenn Sie heute Beachtung finden wollen, dann müssen Sie entweder ein paar Hunde aus einem chemischen Labor befreien oder wenigstens mit einem Aidskranken in einer Talk-Show aus dem gleichen Glas trinken.
Was sonst noch gut ankommt, sind Technik, vielleicht verknüpft mit einem Hauch Dritte Welt und einer winzigen Spur Humanität – aber wirklich nur, wenn Weihnachten unmittelbar vor der Türe steht.
Ein Beispiel könnte sein:

Mehr Computer für die armen Babys von Afrika

Da stecken alle Themen drinnen. Welcher modern denkende Mensch wäre schon gegen die Computer? Oder gegen die Babys? Von Afrika ganz zu schweigen.

Ein willkommenes Motto, falls Sie in politische Gefilde vordringen wollen, wäre auch:

**Schluß mit der Gesinnungsschnüffelei –
Freiheit für die Opfer der Spendenaffären**

Aber damit legen Sie sich natürlich ein bißchen einseitig fest. Besser wäre da schon:

**Tempo 100 für alle –
außer für die BMW- und Porsche-Fahrer**

Da machen Sie sich wirkliche Freunde. Über diese Frage wird in den Kreisen der Sechs- und Achtzylinder noch diskutiert werden, wenn der Schwarzwald nur noch für seine malerische Wüstenlandschaft berühmt ist.
Mit so einem Slogan zeigen Sie das richtige Gespür für eines der heißesten Themen unserer Zeit. Auf der anderen Seite bekennen Sie sich auch zu den echten Werten unserer Gesellschaft und sagen laut, was viele kaum zu denken wagen: Wer hart für seine Kohle gearbeitet hat, der soll auch auf der Autobahn auf den Pinsel treten dürfen.

Jetzt geht es nur noch darum, den ganzen Kram in die Zeitung zu bekommen. Das ist verhältnismäßig einfach. Am besten, Sie warten auf die Sommermonate, die sogenannte »Sauregurkenzeit«. Das sind die Wochen, wo alle Urlaub machen: nicht nur Redakteure, sondern auch alle Politiker, Wirtschaftsbosse und Gangster. Kurz, es passiert einfach nichts mehr auf der Welt.

In dieser Zeit wird so gut wie alles gedruckt, was nur ein bißchen nach Sensation riecht. Rufen Sie also in der Redaktion an, und schildern Sie Ihre Ziele.
Wenn Sie groß einsteigen wollen (und das ist doch hoffentlich Ihre Absicht), dann geben Sie erst mal ein ordentliches Fest. Es muß ein bißchen ausgeflippt wirken. Also vergessen Sie Ihren Partykeller und den Grill-Balkon für anderthalb Personen, und laden Sie ein zum: »Schrillen Action-Meeting«. Als passendes Ambiente käme eine Autobahntankstelle oder aber, wegen des unsicheren Wetters, die Halle des Hauptbahnhofs in Frage.
Jetzt fehlt nur noch der entsprechende gesellschaftliche Rahmen. Hier heißt die Devise: Nicht kleckern, sondern klotzen. Für Ihre hervorragende Sache setzen sich natürlich jede Menge Prominenter ein. Sie sollten also dem Klatschkolumnisten der Zeitung eine Gästeliste dieser Art durchgeben:

Prinzessin Caroline von Monaco (mit der muß man überall rechnen), Joachim Fuchsberger (wahnsinnig beliebt beim Publikum – weiß der Geier, warum), Frau Dr. (ehem.) Schaeffer-Kühnemann (vielleicht keine geniale Medizinerin, aber die richtige Frau, um Ihrer Party das nötige wissenschaftliche Flair zu geben), Nastassja Kinski (die freut sich, wenn hier mal wieder jemand von ihr spricht, und die älteren unter Ihren Gästen werden sich gerne an das kleine Nymphchen aus dem Petersen-Tatort erinnern, der ja regelmäßig vom Fernsehen wiederholt wird), Nicole (genau, die mit dem Frieden; die ist zwar so out wie Zusatzbremsleuchten im Auto, aber ein willkommener Anlaß, daß sich auch die Yellow

Press Ihrer Veranstaltung annimmt), Finger weg von Heino, der ist sich inzwischen schon selber peinlich, und mit Rosi (ehem.) Mittermaier locken Sie nicht mal mehr einen fußkranken Skilehrer hinter seinem Stammtisch hervor.
Vielleicht noch etwas Künstlerisches: André Heller (dann hält jeder Ihr Fest für ungeheuer phantasievoll), Udo – natürlich den Lindenberg (wegen des Dialogs nach Ost), Didi Hallervorden (auch wenn Sie ihn unerträglich finden, die Fotografen lieben ihn).
Noch etwas Internationales: Arnold Schwarzenegger (falls es in die sportliche Richtung gehen soll), Yves Montand (das politische Flair) und natürlich keine Party ohne Steffi Graf (Vorsicht, die Prominenz solcher Sportstars ist sehr vergänglich; Sie müßten sich also die Mühe machen, die Überschriften der Sportseiten zu lesen).

Jetzt fragen Sie sich natürlich, wie Sie alle diese berühmten Leute dazu bewegen sollen, ausgerechnet auf Ihre schwachsinnige Party auf dem Hauptbahnhof von Detmold oder Düsseldorf zu erscheinen – vergessen Sie's!
Natürlich kennen Sie die Kinski nur aus dem Fernsehen, und bei Yves Montand sind Sie sich nicht mal sicher, wie man den Namen richtig buchstabiert. Aber was soll's, damit unterscheiden Sie sich kaum von den Veranstaltern vieler anderer großer Feste. Es geht doch gar nicht darum, ob Sie mit der Schickeria dieser Welt per »du« sind, Sie müssen nur bekannte Namen ins Gespräch bringen. Warten Sie ab. Plötzlich entwickelt die ganze Sache eine atemberaubende Eigendynamik.
Klar, die kleine Caroline von Monaco hat sicher etwas

Besseres zu tun, als auf Ihrem zugigen Bahnhof rumzustehen, und Muskel-Arnold wird nicht einmal von der Sache erfahren, aber beim Fuchsberger oder der Kühnemann wäre ich mir da schon nicht mehr so sicher.
Und wundern Sie sich bloß nicht, wenn plötzlich Leute wie Robert Lembke oder Biolek am Gleis stehen. Dazu kommen natürlich noch die Scharen weniger Prominenter aus Politik, Industrie und Unterwelt.
Als einzig sicheres Unterscheidungsmerkmal gilt übrigens der Preis der Armbanduhren, die die Herren tragen. Mit schwindendem sozialen Status steigt die Zahl der Brillanten am Handgelenk – das ist ein nützlicher Hinweis, denn so läßt es sich leicht vermeiden, daß man Gäste vor der Türe warten läßt, die in diesem Punkt überhaupt keinen Spaß verstehen.
Außerdem werden auch noch jede Menge Partyvögel erscheinen, die einfach immer da sind, wenn irgendwo zwischen Düsseldorf und München gefeiert wird. Diese Leute erkennen Sie am besten daran, daß sie ständig von anderen Festen erzählen, auf denen sie garantiert nicht eingeladen waren, und stürmisch prominente Gäste begrüßen, die eigenartigerweise nie den Gruß erwidern.
Keine Sorge, kein Mensch wird Ihre angekündigten Stars vermissen. Alle Anwesenden sind mit ihrer Selbstdarstellung beschäftigt und ganz glücklich, wenn sie dabei feststellen, daß keiner da ist, der ihnen die Show stehlen könnte. Die Fotografen stürzen sich wie immer auf die Stars von gestern, und der Gesellschaftsreporter hat jede Menge Belangloses zu berichten – ein Fest also, von dem man noch lange sprechen wird.

Natürlich darf die ganze Sache Sie nichts kosten. Das sollte kein Problem sein. Erweitern Sie Ihren Slogan um den Zusatz: »... nur die Bahn kennt kein Tempolimit.« Noch am gleichen Tag, mit Erscheinen der ersten Zeitungsmeldung, wird die Deutsche Bundesbahn bei Ihnen anrufen und zu der famosen Idee gratulieren. Schließlich rangieren die Herren der Schiene so tief in den roten Zahlen, daß sie geradezu sehnsüchtig nach jeder Idee gieren, die ihre leeren Kassen wieder klingen lassen könnte.

Das mit dem Bahnhof geht also schon mal klar. Wäre nur noch die Frage mit der Bewirtung zu klären. Natürlich wird die Bundesbahn ihre Kantine andienen, aber wer einmal im Intercity gegessen hat, weiß, daß man hier ablehnen muß, wenn die Party nicht in einem Desaster enden soll. Das beste ist, Sie lassen Ihre Gäste die Verpflegung selber zahlen.

So etwas läßt sich am leichtesten über eine kleine Spende arrangieren. Sollen die Geladenen doch ruhig für die Ziele Ihrer Aktion einen Obolus entrichten. Niemand wird es später übelnehmen, wenn er erfährt, daß sein Geld, im modernen »Recycling-Verfahren«, wieder über Häppchen und Drinks zu ihm zurückgeflossen ist. Besonders wenn man überlegt, wieviel Hilfsgelder sonst so in dunklen Kanälen verschwinden. Bei Ihnen weiß dagegen jeder, wo der Zaster geblieben ist (zu dem Problem der Vorfinanzierung lesen Sie bitte das Kapitel »Was sind schon Millionen?«).

Na also, jetzt sind Sie wer. War doch gar nicht so schwierig, oder? Von heute an wird Ihr Telefon nicht mehr stillstehen. Natürlich will Sie jeder auf seiner Party sehen. Wieviel Leute gibt es schon, die so prominente

Namen wie Caroline von Monaco oder Steffi Graf für ihre Aktion gewinnen können.
Sagen Sie zu allen Einladungen ja. Noch sind Sie prominent. Das ist ein vergänglicher Zustand, es sei denn, Sie wohnen zufällig in Wien oder München. Das sind die einzigen Städte Europas, in denen Prominenz nicht nur wie ein Adelstitel auf Lebzeiten verliehen wird, sondern sogar noch auf die Kinder übertragen werden kann.
Vielleicht wundern Sie sich, daß Sie jetzt ebenfalls auf den Gästelisten von Festen auftauchen, auf denen Sie gar nicht erschienen sind. Der Grund ist doch ganz einfach: Die anderen machen es genauso wie Sie...

Bockwurst oder Kaviar?

Eine Riesenparty zu schmeißen, Gott und die Welt einzuladen und die ganze Sache auch noch ohne Kopfschmerzen, Verhaftung oder Bankrott zu überstehen, das erfordert natürlich Nerven. Für den Anfang sollte man daher bequemere Wege wählen, die gutes Essen bei weniger Risiko bieten.

Natürlich wird einem auch hier nichts geschenkt (so ist das nun mal im Leben), aber dafür können Sie jetzt endlich Ihre verborgenen Talente einsetzen. Wahrscheinlich sind Sie immer noch nicht prominent, und Sie sehen auch gerade keine Möglichkeit, mit Foto in der Zeitung zu erscheinen.

Haben Sie wirklich alles versucht? Wie wäre es mit dem Kultusminister? Da könnte man doch wieder mal eine Torte werfen – vielleicht Sahne und auch noch ins Gesicht. So was ist den Reportern immer eine Story mit Bild auf der ersten Seite wert. Sie kommen höchstens für ein, zwei Tage in den Knast, und der Prozeß wird sowieso wegen Geringfügigkeit eingestellt. Dafür erklären Sie bei einer Pressekonferenz, Sie hätten so gehandelt, weil die Politik des Ministers ein Schlag ins Gesicht jedes kulturbewußten Bürgers sei (das stimmt fast immer). Damit werden Sie über Nacht der Star in der intellektuellen Szene Ihrer Stadt – was kulinarisch gesehen allerdings nicht so bedeutend ist, wie wir noch erfahren werden.

Alternative Tortenziele: umstrittene Intendanten, Regisseure und Schriftsteller.

Dann gibt es noch den Direktangriff mit Körpereinsatz. Schließlich werden die berühmten Klatschkolumnen in den Zeitungen auch nur von ganz normalen Journalisten geschrieben, die zwischenmenschlichen Begegnungen meist sehr tolerant gegenüberstehen. Da soll es sogar einmal eine einflußreiche Dame bei der einschlägigen Presse gegeben haben, die mit ihrem vieldeutigen Spruch »Wollen Sie in meine Spalte?« junge Männer verunsicherte. Einige müssen sich dennoch ein Herz gefaßt haben, denn es war öfter über Persönlichkeiten zu lesen, die außer ihrem unbekannten Namen überraschend wenig zu bieten hatten.
Wenn Sie so viel Engagement zu Anfang Ihrer Karriere als »Überlebenskünstler der Großstadt« noch nicht bringen, dann gehen Sie einfach den direkten Weg: Feiern Sie die Feste, wie sie fallen. Oder besser: Fallen Sie dort ein, wo gefeiert wird.
In einer durchschnittlichen Großstadt werden Abend für Abend einige zehntausend Partys gegeben. Einige hundert dieser Feste finden in den »besseren Kreisen« statt und kommen daher auch für Sie in Frage. (Wie immer steht alles Erfahrenswerte in den Zeitungen.)
Bestimmte Ereignisse sind zwangsläufig mit Feiern verbunden, und wo gefeiert wird, wird auch gegessen – da sollten Sie einfach nicht fehlen. Allerdings gibt es für die Feste die unterschiedlichsten Verhaltensweisen, um vor Ort nicht aufzufallen und als gerngesehener Gast unversehrt bis zum kalten Büffet durchzudringen.
Beginnen Sie Ihren Tag, indem Sie erst einmal richtig ausschlafen. Für Ihren Schlemmer-Trip, den Sie heute starten, brauchen Sie nicht nur Hunger, sondern auch Schlagfertigkeit und ausgeruhte Nerven.

Frühstück

Beginnen wir mit einem späten Frühstück. Hier bieten sich vor allem politische Veranstaltungen an. Solch ein »Arbeitsfrühstück« steht vor allem im Rathaus bereit, wo ständig irgendein Ausschuß versucht, seine unpopulären Pläne an den Bürger zu bringen. Solche Pressekonferenzen werden immer als Journalistengespräch mit Frühstück (bayer. Brotzeit) deklariert und finden entweder im kleinen Rathaussaal oder im nächstgelegenen Gasthaus (großer Saal) statt.
Es sollte kein Problem sein, an einem solchen Essen teilzunehmen, wenn Sie nur frisch rasiert, sauber angezogen oder wenigstens guter Laune sind.

Klamotten: Hose mit Sakko (Krawatte nur beim rechten Flügel).
Ausrüstung: Block mit Bleistift oder kleine Aktenmappe; wahlweise zwei Markenkameras um den Hals.
Eintritt: Heute morgen erklären Sie sich selber zum Journalisten. Gehen Sie also einfach am Pförtner vorbei. Sollten Sie angehalten werden, murmeln Sie den Namen einer x-beliebigen Zeitung (etwa: »Katmandu-News« oder »Abwärts«). Daß Sie Ihren Presseausweis gerade vergessen haben, gilt als völlig normal. Gehen Sie einfach direkt in den kleinen Saal.
Tip: Normalerweise beginnen diese Besprechungen so gegen zehn. Machen Sie es also ruhig genauso wie Ihre »Kollegen«, und erscheinen Sie gegen elf Uhr. Das ist

die Zeit, zu der die belegten Brötchen verteilt werden und das erste Bier in die Gläser läuft (wahlweise gibt's auch Kaffee).

Essen: Belegte Brötchen. Brezeln. Der Belag der Brötchen kann sehr unterschiedlich sein. Sollten Sie eine Veranstaltung erwischt haben, bei der der Bürgermeister selber hereinschaut, kann sich sogar mal ein Scheibchen Lachs mit ein paar Kullern Kaviar auf dem Häppchen verirren – wenn Sie nicht zu spät kommen. Sonst müssen Sie mit Käse (Edamer), Wurst (Salami), Gürkchen, harten Eiern und jeder Menge Mayonnaise rechnen.

Trinken: Hier gibt es deutliche Unterschiede, die ganz durch die politische Richtung der Veranstaltung bestimmt werden. Wirklich Pech, wenn Sie bei den Grünen landen, denn dann gibt es nur Tee und Selters. Bei der SPD überwiegt noch das Angebot an Säften, aber gegen Schluß der Veranstaltung stehen auch schon mal einige Flaschen Wein auf dem Tisch.

Interessanter geht es da schon bei den konservativen Parteien zu. Bei der CDU finden Sie gepflegte Weißweine, und wohl dem, der eine Versammlung der CSU erwischt: Politisch muß man mit den Bayern ja nicht unbedingt einer Meinung sein, aber da läuft keine Veranstaltung ohne zünftige Brotzeit ab. Das bedeutet immer hervorragendes Bier und frische Semmeln, die sich auch schon vormittags bis zur Weißwurst steigern können.

Konversation: Für solche politischen Gespräche brauchen Sie sich nicht besonders vorzubereiten. Wenn Sie regelmäßig die Tageszeitung lesen, können Sie nicht nur den Unterhaltungen mühelos folgen, sondern besitzen

auch einen deutlichen Informationsvorsprung gegenüber den Fachreferenten.
Peinliche Gespräche oder unangenehme Fragen werden Ihnen wahrscheinlich nicht gestellt. Normalerweise bricht gleich zu Beginn der sogenannten »Diskussion« unter den Gästen das große Schweigen aus. Dann gibt der Referent noch einige kurze und überflüssige Erklärungen ab – anschließend stürzen sich alle auf die Häppchen. Setzen Sie sich gleich in die Nähe der Tabletts, Sie werden sich wundern, wie schnell die anderen da alles wegputzen.
Die Sitten bei solchen Veranstaltungen wirken für Außenstehende vielleicht etwas ungehobelt, trotzdem gehört es nicht zum guten Ton, belegte Brötchen in der mitgebrachten Plastiktüte abzuschleppen.
Fazit: Wenig Aufwand und nur ein bescheidenes Mahl. Dafür nette Bekanntschaften und das gute Gefühl, sich politisch direkt an der Quelle informiert zu haben.

Mittagessen

Jetzt haben Sie sich aber Ihr Frühstück mühsam erarbeitet. Wer verkraftet auch schon politische Diskussionen auf nüchternen Magen. Natürlich gibt es da angenehmere Methoden, den Vormittag rumzukriegen und sich trotzdem noch den Bauch zu füllen. Eine beliebte Methode ist das Film-Essen.

In Großstädten laufen ständig neue Filme an, die vor ihrem offiziellen Kinostart erst mal den Journalisten und Kinochefs gezeigt werden. Normalerweise gehen solche Vorstellungen vormittags im größten Kino der Stadt über die Bühne. Sie brauchen nur regelmäßig gegen zehn Uhr vorbeizuschauen.

Wenn eines Tages die Kasse unbesetzt ist, aber die Türe offensteht, ist es soweit. Da keine Eintrittskarten verlangt werden, gehen Sie einfach hinein, mischen sich unter die wartenden Gäste, nehmen ein Glas vom angebotenen Orangensaft mit Sekt und harren der Dinge, die da kommen.

Sollte ein künstlerisch wertvoller Film laufen, gibt es wahrscheinlich noch nicht einmal Orangensaft, vom Champagner ganz zu schweigen, aber dafür müssen Sie zwei müde Stunden ausharren. Ganz anders verhält sich dagegen die Sache, wenn Sie das Glück haben, in irgendeine amerikanische Großproduktion geraten zu sein. Hier sind die Veranstalter ängstlich darum bemüht, die anwesenden Kritiker in Stimmung zu bringen. Das bedeutet: Champagner und Häppchen für alle und für Sie zwei spannende Kinostunden. (Sie sind doch kein Kritiker, oder?) Das Beste kommt aber erst nach dem Film.

Warten Sie, entgegen Ihren Gewohnheiten, bis der letzte Name des Nachspanns gelaufen ist. Das macht nicht nur einen guten Eindruck, sondern Sie bekommen auch noch mit, daß der Veranstalter sagt: »Für die Damen und Herren, die Lust und Zeit haben, stehen draußen Busse zur Verfügung, die uns ins Hotel bringen, wo wir gemeinsam zu Mittag essen wollen.« – Klaro, da sind wir doch dabei.

So schlecht kann der Film gar nicht gewesen sein, als daß sich dieses Mittagessen nicht lohnen würde:

Klamotten: Seriös bis ausgeflippt, alles ist erlaubt. Dunkle Sonnenbrille, falls Sie lästigen Gesprächen ausweichen möchten.

Ausrüstung: Lassen Sie sich die Presseinformation geben, die im Kino verteilt wurde, und blättern Sie einfach wichtig darin herum, wenn jemand was von Ihnen will.

Tip: Es ist schwierig, auf die richtige Veranstaltung zu stoßen. Wenn Sie es dagegen einmal richtig erwischt haben, brechen amüsante Zeiten an. Fragen Sie einfach einen »Kollegen«, wann die nächste Pressevorstellung ist – schon geht's weiter.

Essen: Alles ist geboten. Je erfolgreicher der Verleiher (hier haben die Amerikaner die Nase deutlich vorne), um so besser die Verpflegung. Achten Sie darauf, daß im ersten Hotel am Platz gespeist wird. Fahrten zu »urigen Kneipen«, die außerhalb Ihres »Arbeitsgebietes« liegen, sind zu vermeiden – sonst verpassen Sie am Ende noch ein wichtiges Abendessen.

Trinken: Aus einem geheimnisvollen Grund trinken Filmleute bei jedem Fest Champagner. Das macht ja nichts – wer's nicht verträgt, sollte entweder ein paar Alka-Seltzer einstecken oder auf Mineralwasser bestehen.
Konversation: Hier geht es ausschließlich um Filme und die Frage, wer, wo, welchen Film bereits gesehen hat. Dabei versucht jeder, den anderen zu übertrumpfen. Nach irgendeinem geheimnisvollen Gesetz gilt derjenige als besonders gut informiert, der Filme gesehen hat, die noch gar nicht fertig sind, noch lange nicht bei uns laufen und vielleicht auch nie gezeigt werden. Da ist es nicht schwer, sich mit Dialogsätzen interessant zu machen wie: »Kennen Sie ›Blue Star‹? Den habe ich in einem New Yorker Underground-Kino gesehen. Da fährt die ganze Szene total drauf ab.«
Natürlich kennen Sie keinen Film namens »Blue Star«, und in New York sind Sie auch noch nie gewesen. Das macht nichts, da waren viele der anwesenden Gäste auch noch nicht, und Sie gelten als der große Insider.
Fazit: Gute Kombination von Unterhaltung und Essen. Wenig Risiko, dafür müssen Sie jede Menge verklemmter Presseheinis ertragen.

Abendessen

Hier sind die Chancen generell am größten, zu einem guten Essen in interessanter Gesellschaft zu kommen. Dabei geht es weniger darum, eine günstige Gelegenheit ausfindig zu machen, als unter dem riesigen Angebot das Passende auszuwählen.
Beginnen wir mit den einfachsten Tips, den sogenannten Anfänger-Büffets:
Es gibt kaum eine große Versicherung, Verwaltung oder Behörde, in der nicht jeden Abend irgend etwas gefeiert wird. Wie der Name schon sagt, sind dabei die Versicherungen der beste Tip. Das liegt erstens daran, daß hier so viele Menschen arbeiten, daß man sich völlig unauffällig bewegen kann, und zweitens stehen die Bürogebäude meistens mitten in der Innenstadt und damit ganz in der Nähe Ihrer Stammkneipe.
Von außen läßt sich nach Einbruch der Dunkelheit leicht feststellen, in welchem Stockwerk sich das abendliche Fest abspielt. Kommen Sie möglichst nach 21 Uhr. Das hat nicht nur den Vorteil, daß alle Gäste in Hochstimmung sind, sondern auch der Pförtner bereits zu betrunken ist, um Sie noch nach Ihrem Ausweis zu fragen.
Wie Sie vielleicht aus eigener Erfahrung wissen, spielt bei einem solchen Bürofest Ihr Verhalten keine wichtige Rolle, so daß wir auf die üblichen Erklärungen verzichten und uns ganz auf die Verpflegung beschränken können.

Essen: Hier sieht es natürlich bescheiden aus. Neben selbstgemachtem Nudelsalat mit kalten Frikadellen werden meist noch lauwarme Knackwürstchen aus der Dose geboten. Dazu gibt es normalerweise Tubensenf, Plastikbesteck und aufgeweichte Pappteller.
Beschweren Sie sich nicht. Schließlich war es ja auch besonders einfach, hier hereinzukommen, und manchmal können Sie sogar Glück haben: Vielleicht ist ein Koch unter den Partygästen, und Sie erleben echte kulinarische Überraschungen.
Trinken: Das Standardgetränk auf Büropartys ist Bier aus dem Faß. Dazu gibt es gewöhnlich einen Klaren. Den finden Sie im Kühlfach des Eisschranks. Für Nichtbiertrinker stehen auch noch einige Flaschen österreichischer Wein auf dem Fensterbrett. Lassen Sie die Finger davon. Auch ohne Frostschutzmittel hätte Ihr Kopf am nächsten Tag Probleme. Sollte es gar das Bier aus der Flasche geben, dann lohnt es sich eigentlich nicht zu bleiben.
Fazit: Billiges Mahl, uninteressante Unterhaltung. Nur zu Übungszwecken ausprobieren.

Das war natürlich ein sehr bescheidener Anfang, und daher sollte auf solche Adressen wirklich nur im äußersten Notfall zurückgegriffen werden. Riskieren wir einen Besuch in der Kulturszene.
Normalerweise beginnen Vernissagen gegen 19 Uhr. So früh erscheinen natürlich nur der Galeriebesitzer, der Künstler und dessen zwanzig allerbeste Freunde. Das »gute« Publikum, und zu dem zählen Sie sich ja hoffentlich, kommt viel später.
Kreuzen Sie gegen 22 Uhr auf:

Klamotten: Opas Sakko und Hose mit Gummiträgern. Kein Hemd, sondern T-Shirt mit Aufschrift (»I love Erlangen«). Dazu Lackschuhe mit Schleife und vielleicht noch einen Hut – aber möglichst nur, wenn er Ihnen nicht steht.
Ausrüstung: Roller, Rennrad oder Rollschuhe.
Eintritt: Gegen 22 Uhr ist der Eintritt kein Problem. Erstens sind Sie so gestylt, daß Sie in der Szene überall reinkommen, und zweitens freut sich der Galerist, wenn um die Zeit überhaupt noch jemand kommt. Sollte es Schwierigkeiten geben, dann grüßen Sie schon von der Türe aus überschwenglich in Richtung Künstler (das ist der, der noch wilder angezogen ist als Sie), und stürmen Sie einfach rein.
Essen: Es gilt die einfache Regel: In guten Galerien gibt's auch gut zu futtern, und die Qualität des kalten Büffets steigt mit den Preisen für die angebotenen Kunstwerke.
Normalerweise ist nicht mehr als ein kaltes Büffet zu erwarten. Dafür sind die einzelnen Speisen einfach, aber gut: Käse aus Korsika, Oliven aus Griechenland und Baguette aus dem Kaufhof. Der Schinken ist aus Parma, und den Salat hat die Frau des Künstlers selber gemacht. – »Ist das nicht reizend?« Vielleicht lohnt es sich zu warten, und man reicht gegen Mitternacht noch eine hausgemachte Bohnensuppe, manchmal auch Chili con carne oder, mit etwas Glück, Borschtsch mit frischer Sahne. Es lohnt sich also in jedem Fall ein kleiner Blick in die Küche oder das Büro, bevor Sie voreilig die Segel streichen.
Trinken: Zur Begrüßung gibt es Cidre. Den können Sie sich sparen. Später wird herber Weißwein aus dem El-

saß gereicht: meist Edelzwicker, alternativ auch südfranzösischer Rosé. Biertrinker kommen meistens nicht auf ihre Kosten, da die einzige Kiste Pils schon in der ersten halben Stunde vom Künstler und seinen Kumpels geleert wurde.

Konversation: Keine Probleme. Hier können Sie ohne jede Vorinformation zur Sache gehen. Lassen Sie Ihrer Phantasie freien Lauf. Formulieren Sie blumig. Loben Sie das künstlerische Werk, aber lassen Sie bei ein oder zwei Stücken leise Zweifel anklingen. Sprechen Sie von Ihren Begegnungen mit der alternativen Kunstszene in Paris, Rom oder Chicago. Gute Sätze sind: »Ich bin schrill begeistert« oder »Diese Kunstwerke haben irgend etwas tief in mir berührt«.

Tip: Betrachten Sie Kunstwerke grundsätzlich aus einer Entfernung von etwa drei Schritten. Bücken Sie sich dabei leicht, und springen Sie manchmal bis auf wenige Zentimeter an das Bild oder die Skulptur heran. Dabei sollten Sie sich kurz die Brille herunterziehen. Lassen Sie sich vom Galeristen in jedem Fall die Preisliste geben, damit steigen Sie sofort zum potentiellen Kunden und umhegten Gast auf. Lassen Sie aber beim Lesen der Preise nicht Ihr Weinglas fallen...

Die hohe Schule

Natürlich hat der Abend weit mehr zu bieten als ein schales Bier in der Versicherung oder das Käsebüffet auf der Vernissage. Trotzdem eignen sich gerade solche Plätze hervorragend, um sich das nötige Selbstbewußtsein anzueignen und vor allem Erfahrungen zu sammeln für die wirklich großen Aufgaben – die hohe Schule des Gratis-Dinners.

In diesen höheren Regionen kann die Auswahl nicht mehr so zufällig sein wie bei Behörden oder in der Kleinkunstszene. Der Aufstieg in den Olymp der First-Class-Büffets erfordert Köpfchen und höchsten Einsatz – allerdings warten als Belohnung auch die exquisitesten kulinarischen Köstlichkeiten.

Viele wichtige Ereignisse lassen sich auch hier in der Zeitung aufspüren. Sollten Sie zum Beispiel neben gutem Essen auch berühmte Gesellschaft suchen, dann empfehlen sich besonders Premierenfeiern.

Bedenken Sie, je größer der Erfolg des Stücks, um so besser ist auch die Laune aller Beteiligten und damit Ihre Chancen, ungestört mitzufeiern. Suchen Sie sich also ein Stück, dessen Erfolg so gut wie sicher ist (bekannter Regisseur, klassische Inszenierung). Vorsicht bei experimentellem Theater aller Art und Finger weg, wenn zu berühmte internationale Namen im Spiel sind. Dann ist meist der Andrang der Verehrer so groß, daß die Feier von unbarmherzigen Wachmännern abgeriegelt wird, die Sie dann glatt für einen Fan halten und damit den Zutritt zum Büffet verweigern.

Die normale Premierenfeier beginnt unmittelbar nach dem letzten Vorhang hinter der Bühne. Wenn Sie geschickt sind, finden Sie bereits hier den richtigen Einstieg und erobern sich die Sympathie des Meisters:

Klamotten: Da kommt es natürlich ganz auf Ihr schauspielerisches Talent an. Um hinter die Bühne zu gelangen, brauchen Sie entweder einen Smoking und ein überzeugendes Gesicht oder ein geeignetes Kostüm. In diesem Fall funktioniert so ziemlich jede Bekleidung, die im weitesten Sinne mit dem Stück zu tun hat. Sollten Sie sich genieren, dann klappt mit Sicherheit der alte Beleuchter-Trick: Ziehen Sie einfach einen etwas angeschmutzten Overall an.

Ausrüstung: Hängen Sie eine Verlängerungsschnur über die Schulter, oder tragen Sie eine Lampe im Arm. Zollstock und Flachzange in der Brusttasche.

Eintritt: In diesem Aufzug marschieren Sie einfach hinter die Bühne – das ist die Türe im Foyer mit der Aufschrift »Bühneneingang – kein Zutritt«. Dann die kleine Treppe hoch und direkt zu dem Mann, der Tränen in den Augen, zwei junge Schauspielerinnen im Arm und ein Glas Champagner in der Hand hat – das ist der Regisseur.

Tip: Greifen Sie sich einen besonders schönen Strauß aus dem Blumenmeer, das vor den Garderoben der Stars aufgebaut wurde, und überreichen Sie ihn dem Regisseur. Der Mann soll ruhig denken, Sie wären ein echter Kabelträger, wenn Sie mit ergriffener Stimme sagen: »Das war das Schönste, was ich in meinem Leben gesehen habe.«

Damit sind Sie automatisch beim Abendessen dabei,

weil es alle großen Regisseure lieben, wenn sogar einfache Kabelträger ihre Stücke toll finden. Vielleicht haben Sie auch Pech, und der Meister läßt Sie vor lauter Rührung den ganzen Abend neben sich sitzen. Damit sind natürlich intensive Gespräche über das Theater nicht ausgeschlossen. Normalerweise wird der Meister allerdings eine Anekdote nach der anderen erzählen, und es genügt vollkommen, wenn Sie essen und fasziniert zuhören.
Essen: Gerade Gastintendanten schätzen die lokale Küche der Stadt, die sie besuchen. Rechnen Sie also damit, in Frankfurt Rippchen mit Kraut oder in München Schweinebraten mit Knödel zu essen. Allerdings werden diese typischen Mahlzeiten immer in ausgesucht gepflegten, aber eben leider auch immer »typischen« Kneipen eingenommen.
Haben Sie aufs falsche Pferd gesetzt, und das Stück ist ein Reinfall, was am leichtesten dadurch zu erkennen ist, daß die Kritiker höflich, aber bestimmt die Einladung zum Abendessen abgelehnt haben, dann müssen Sie mit dem Schlimmsten rechnen. Intendant und Regisseur sind plötzlich verschwunden, und dann heißt es: Jeder zahlt für sich selber. Wenn sich also die ersten Smokingträger unauffällig von der Tafel absetzen, dann sollten Sie das Weite suchen.
Konversation: Es ist fast unmöglich, sich in das weite Gebiet der Theaterszene einzuarbeiten. Für Unerfahrene sollte es daher genügen, regelmäßig den Kultur- und Klatschteil der Zeitung zu lesen. Einen guten Eindruck machen Sie auch, wenn Sie nur wissen, wer wen in der Kunstszene gerade mal wieder geohrfeigt oder niedergeschlagen hat.

Fazit: Eine interessante Begegnung mit der Welt der Bühne, die Ihre Phantasie und schauspielerische Begabung fordert. Der Einsatz ist nicht allzu hoch, das Risiko ist ebenfalls abschätzbar. Nachteile: Sie müssen den ganzen Abend über Theater reden, und das Essen ist nur gute Mittelklasse.

Wie bereits am Anfang erwähnt, wird in der Kulturszene kulinarisch nicht allzuviel geboten. Wenn Sie also wirklich auf große Genüsse aus sind, müssen Sie dahin, wo auch das große Geld im Umlauf ist. Das leichteste Ziel in dieser Klasse sind die Luxushotels. Hier gibt es Feiern aller Art und Größen – da hat man nur auf Sie gewartet.

Tip: In der Hotelhalle, gleich rechts und links neben der großen Marmortreppe zum ersten Stock, stehen Tafeln, die die verschiedenen Festivitäten des Abends verkünden.

Haben Sie sich eine Veranstaltung ausgesucht, sind sich aber noch etwas unschlüssig, ob es auch die richtige ist, dann begeben Sie sich unauffällig vor den Saal, und beobachten Sie die eintretenden Gäste.

»Kleiner Saal ›New York‹: ›Empfang Super-Computer‹« – nicht zu empfehlen. Das klingt nach zwei oder drei Gläsern Champagner, einer Anstecknadel und einem quälenden Vortrag über den Nutzen moderner Datenverarbeitung. Die Sache wird sich bis gegen zehn Uhr hinziehen, und dann serviert die Hotelküche ihr Standardgericht. Alle kennen sich in der Branche, und die Gespräche um Chips und Bits sind einfach tödlich. Das ist den Einsatz nicht wert.

»Kleiner Saal ›Los Angeles‹: ›30jähriges Jubiläum der

Pharmazeutischen Gesellschaft‹«. Das klingt gut. Schließlich gibt es zwei Berufe, in denen mit Sicherheit immer gut gegessen wird. Das sind die Ärzte und die Apotheker. Wichtig ist, daß der Saal eine Mindestgröße von 100 bis 150 Personen hat, da sonst ein auffälliges Untertauchen sehr schwierig wird.

»Großer Saal ›Heidenheim‹: ›Jahresversammlung des europäischen Feinschmeckerverbandes‹«. Nichts wie hin. Hier treffen wirklich alle Kriterien zu, die den Abend zu einem unvergleichlichen Erlebnis werden lassen. Der Saal ist groß genug, und schon das Motto der Veranstaltung läßt auf kulinarische Träume hoffen.

Klamotten: Smoking oder dunkelblauer Anzug. Seidenkrawatte, ersatzweise Seidenschal (falls es künstlerisch werden sollte).

Ausrüstung: Weiße kartonstarke Blankokarte in der Größe einer Einladung. Möglicherweise auch Eurosignalgerät in der Brusttasche (läßt Sie besonders wichtig erscheinen) oder kleines Funksprechgerät in der Hand (Spezialausrüstung).

Eintritt: Hier führen die verschiedensten Methoden zum Ziel. Besonders elegant ist natürlich der Weg, als scheinbar geladener Gast Eintritt zu finden. Drücken Sie sich vor dem Saaleingang herum, so als ob Sie noch jemanden erwarteten, und werfen Sie dabei einen unauffälligen Blick auf die Gästeliste, die der Kontrolleur am Eingang in der Hand hält. Vielleicht erspähen Sie ja einen Namen, mit dem Sie sich die Pforte öffnen, während Sie mit der »Einladung« in der Hand wedeln.

Sollte das nicht klappen, gehen Sie zügig auf den Türsteher zu und murmeln einen Namen, etwa: »Hsgmrich«. Lassen Sie es so klingen, als hätten Sie es bedauerlicher-

weise am Kehlkopf, und helfen Sie dann bei der Feststellung Ihres Namens auf der Gästeliste. Man wird Sie sehr zuvorkommend behandeln. (War doch gar nicht so schwer.)
Wenn Sie den schauspielerischen Weg schätzen, gehen Sie einfach auf den Türwächter zu, halten dabei Ihr kleines Funksprechgerät hoch und fragen den Mann: »Gibt es irgendwelche Probleme?« Der schüttelt den Kopf, und Sie sprechen in Ihr Funkgerät: »Großer Saal – alles klar. Ich sehe mich noch mal kurz drinnen um.« Damit gehen Sie einfach am Türsteher vorbei, der ehrfurchtsvoll Platz macht. Bei Ihrer Kontrolle sollten Sie nicht vergessen, Hummer und Kaviar auf dem Büffet nach verborgenen Sprengsätzen zu untersuchen. Mit dieser Methode lassen sich auch mehrere Feste gleichzeitig »bearbeiten«.
Essen: Es ist sehr schwierig, veranstaltungstypische Essen anzugeben. Eines ist sicher: Die Mahlzeiten sind nie besser als die Küche des Hotels. In den entsprechenden Häusern können Sie allerdings mit den Kategorien »gut« bis »sehr gut« rechnen.
Bei der Jahresversammlung des »Feinschmeckerverbandes« dürfen Sie sich noch mehr erhoffen, da erfahrungsgemäß einige Mitglieder in der Küche selber Hand anlegen. Als Standardkost erwarten Sie Schildkrötensuppe mit Sherry oder eine feine Estragonsuppe. Anschließend hausgemachte Pastete, Rauchlachs oder geräuchertes Forellenfilet. Dann Schnecken, Krabbencocktail, Hechtröllchen, Blini mit Kaviar. Anschließend Fisch oder diverse Filetsorten in verschiedenen Saucen. Danach gibt es inzwischen in fast allen ordentlichen Restaurants ein Eis oder eine kleine Süßspeise

und dann noch mal etwas Üppigeres wie Lamm, Filet oder Hummer mit selbstgemachter Mayonnaise.
Darunter sollten Sie es nicht tun. Denken Sie daran, eigentlich hat Sie keiner eingeladen. Wenn also so gräßliche Dinge auf Ihren Teller gelegt werden wie ein Filet, das durchgebraten ist, ein Lamm, das sich nicht mit dem Löffel zerlegen läßt, oder ein Hummer, auf den jemand Tubenmayonnaise gedrückt hat, dann verlassen Sie unter Protest die Tafel.
Trinken: Da kann eigentlich nichts schiefgehen.
Konversation: Keine besondere Vorbereitung nötig. Es genügt der normale Small talk. Sollten Sie Gefahr laufen, bei einem Fachtreffen nach Ihrem Beruf oder Ihrer Qualifikation gefragt zu werden, dann kommen Sie mit einer entsprechenden Frage zuvor. Nichts tun die Leute lieber, als über ihren harten, aber verantwortungsvollen Job zu reden.
Bei Einladungen der Industrie reden Sie etwas kerniger: »Die Lage ist hart, aber nicht hoffnungslos, ha, ha.« Das stimmt immer und schafft Vertrauen. Bei Einladungen amerikanischer Firmen nennen Sie bei der Begrüßung einfach Vornamen, Gesundheitszustand und durchschnittliches Jahreseinkommen, diese Leute schätzen Offenheit.
Fazit: Ein lohnender Abend, in dem im Bereich der Konversation und des Essens einiges geboten wird. Allerdings ist die Küche meistens noch nicht Weltklasse, und beim Eintritt geht der Großstadtkämpfer immer ein gewisses Risiko ein. Trotzdem ein ausgeglichenes Verhältnis zwischen Arbeit und Lohn.

Es geht natürlich auch noch eine Nummer feiner. Für die richtigen Kontakte bieten sich die Empfänge beim Ministerpräsidenten, dem Oberbürgermeister oder irgendeinem Ministerium an. Allerdings hat da leider der Terrorismus für allgemeine Verunsicherung gesorgt, so daß es äußerst schwer geworden ist, auf solchen Treffen ohne offizielle Einladung aufzutauchen.
Meist muß man sein Erscheinen schon Wochen im voraus zusagen, so daß der örtliche Verfassungsschutz in Ruhe feststellen kann, ob man schon mal vor mehr als fünf Personen einen schmutzigen Witz erzählt hat oder sich beim allmorgendlichen Duschen den Unterleib vorschriftswidrig vermummt.
Sollten Sie wegen eines dieser Vergehen aktenkundig geworden sein, dann ist es Sense mit der Karriere (Achtung, auch die Käufer dieses Buches müssen in diesem Punkt mit dem Schlimmsten rechnen!).
Wenn Sie trotzdem unbedingt hin wollen, dann sollten Sie entweder reich heiraten oder die richtige Verkleidung wählen. In diesem Fall sind Anzug und Krawatte leider zuwenig:

Klamotten: Trachtenanzug oder Sanitätsausrüstung des Roten Kreuzes (Achtung, Ärger mit den Behörden).
Ausrüstung: Tuba, Trommel oder Kontrabaß.
Eintritt: Wenn Sie zum Beispiel in München in der Krachledernen mit Wadelwärmern, Gamsbart am Hut und einer Tuba über der Schulter anrücken, kommen Sie auf jeden Empfang. Da hat noch nicht mal der Verfassungsschutz Bedenken, weil sich die Beamten zu Recht sagen, daß kein Terrorist so bescheuert wäre, sich als Bayer zu vermummen (obwohl diese Verkleidung

sehr günstig ist, um in München unerkannt unterzutauchen).
Auch wenn gar kein Orchester vorgesehen ist, niemand würde vermuten, daß Sie nicht zum Musizieren, sondern zum Konsumieren vorbeigekommen sind. Es kann Ihnen allerdings passieren, daß jemand auf Ihre Schulter klopft und fordert: »Auf geht's, spuiln ma den Defiliermarsch« – und wehe, das klappt dann nicht.
Sehr viel uneleganter ist natürlich die Rote-Kreuz-Methode, vor der ich ausdrücklich warnen möchte. Natürlich ist es fast überall möglich, mit der Samariter-Uniform dabeizusein. Aber erstens ist das ein mieser Trick, zweitens verboten, und was tun Sie, wenn jemand auf Sie zukommt und sagt: »Kommen Sie schnell, ich glaube, die Dame da hinten hat eine Frühgeburt«?
Essen: Mäßig. Bis gar nichts.
Trinken: Im Norden Wein und nach Süden hin immer mehr Bier.
Konversation: Es werden grundsätzlich quälend langweilige Interna besprochen und auf Auf- oder Abstiegschancen einzelner Stadtrats- oder Landtagsmitglieder spekuliert.
Fazit: Nur um mal in der Politik ganz oben dabeizusein, ist der Aufwand zu groß. Ganz im Gegensatz zur politischen Realität steht hier der Einsatz in keinem Verhältnis zum Gewinn.

Aber noch sind ja nicht alle Möglichkeiten des Abends ausgeschöpft. Es gibt da zum Beispiel eine interessante Methode, um auch die internationale Top-Küche kennenzulernen:
An Nationalfeiertagen finden gewöhnlich in der ent-

sprechenden Botschaft vornehme Empfänge statt, bei der man nicht nur der Creme der Gesellschaft begegnet, sondern auch noch hervorragend nach Landessitte verpflegt wird.
Da jede Großstadt über mindestens 30 bis 40 Konsulate oder Botschaften verfügt, sollte eigentlich im Schnitt alle 14 Tage ein entsprechendes Fest über die Bühne gehen.
Suchen Sie sich die passenden Feiertage aus dem Lexikon. Am besten beginnt man bei einem kleinen Land. Da sind die Kontrollen nicht so streng, und die Gastgeber freuen sich auch, wenn überraschende Besucher kommen.
Gut sind afrikanische Länder, wenn auch die Küche manchmal etwas scharf ist, oder Länder Südamerikas:

Klamotten: Dunkler Anzug oder Smoking.
Ausrüstung: Visitenkarte, Eurosignal-Piepser in der Brusttasche. Blumenstrauß in den Landesfarben.
Tip: Sie sollten in jedem Fall immer eine Visitenkarte dabeihaben, die Wichtigkeit suggeriert. Unmöglich sind farbige Karten; überflüssig sind auch alle Schnörkel und Borten. Gut wäre:
Oben klein: »Hamburg – New York – Los Angeles – Rom«
Darunter groß: »Hi-Tec-Electronics«
Darunter klein: »Manager – Sektion Europa (West)«
Mit einer solchen Karte sollte es eigentlich keinerlei Schwierigkeiten geben. Man hält Sie für eine wichtige Figur aus der internationalen Elektronikbranche, und wenn jemand Genaueres wissen will, murmeln Sie nur etwas von: »Rüstungsaufträge, Sie verstehen.«

Nachdem Sie auf zwei oder drei Veranstaltungen erschienen sind, wird man Sie in der Diplomatenszene kennen, und kein Mensch wundert sich, wenn Sie auch auf den besseren Festen auftauchen. Am elegantesten ist es, Sie warten unauffällig in der Nähe des Eingangs, bis einer der Botschafter auftaucht, die Sie ja inzwischen kennengelernt haben, und spazieren an seiner Seite auf diese Party.

Besonders zu erwähnen wären noch der 14. Juli (Französische Botschaft: Spitzen-Essen) und der 1. August (Schweizer Botschaft: Käse- oder Fleisch-Fondue und dazu der hervorragende Schweizer Fendant-Wein).

Bei den Amerikanern gibt es meist außer strengen Kontrollen nur Hamburger, manchmal allerdings auch Truthahn. Dafür kommt das Bier immer aus der Dose. Bei den Engländern sollte man wirklich nur im größten Notfall vorbeischauen.

Fazit: Für den erfahrenen Überlebenskünstler sind Botschaftspartys nicht nur mit hervorragendem Essen, sondern auch mit interessanten Kontakten verbunden. Hier stimmt eigentlich alles: Die Atmosphäre ist beinahe familiär, Sie bewegen sich in gediegenem Ambiente und können trotzdem in der Menge untertauchen. Das Eindringen erfordert zwar ein gewisses Maß an Selbstsicherheit, aber dafür wird auch etwas geboten. Die gepflegteste Art, einen billigen Abend zu verbringen.

Test: Fit fürs grobe Fressen?

Am Anfang Ihrer Karriere ist es äußerst schwierig, sich in der neuen Welt zurechtzufinden. Das ist nicht mehr so wie früher, als Sie noch mit Ihren Kumpels bei Eddi an der Theke saßen, sich sieben Pils auf die Lampe gossen und sich zum hundertstenmal die ewig gleichen Geschichten anhörten.
Jetzt müssen Sie auf einmal phantasievoll sein. Die Palette zwischen Bürofest und Botschaftsparty ist weit. Wohl dem, der erkennt, wo er ist, was von ihm erwartet wird, und dann auch noch den richtigen Spruch parat hat, um nicht aufzufallen.
Damit Sie nicht ganz unvorbereitet zu Ihrem ersten großen Abend aufbrechen, folgt hier ein Test. Prüfen Sie, ob Sie schon fit sind. (Der Test wurde unter streng wissenschaftlichen Gesichtspunkten und aus den Erfahrungen zahlreicher Überlebenskämpfer zusammengestellt.)

Test:

a) Sie sind gerade in Bonn und haben an einem Hochhaus im obersten Stock noch Licht gesehen. Der Pförtner schläft schon, und Sie betreten ein holzgetäfeltes Büro. Hier ist eine ausgelassene Runde fröhlicher Zecher gerade dabei, die jährliche Erhöhung der Diäten für Minister zu begießen. Einige der Herren haben Sie doch schon mal im Fernsehen gesehen...? Da kommt ein großer Mann mit Brille und leichtem Bauch auf Sie zu und fordert Sie auf: »Des is ja nett. Trinke Se doch einen mit uns.«

1. Sie erkennen Ihr Gegenüber, werden bleich und sagen: »Wo ist denn hier die Toilette?« und verschwinden. (10 Punkte)
2. Sie stottern: »Ich wollte doch nur... mein Gott... verzeihen Sie, lieber, verehrter Herr Bundeskanzler.« (20 Punkte)
3. Sie lächeln und sagen: »Klaro, Helmut, mit Ihne immä.« (30 Punkte)

b) Sie haben sich zu Ihrer ersten Ausstellungseröffnung gewagt. Zu sehen sind blaugestrichene Krankenhausbetten, auf denen Steine liegen, die in Stacheldraht eingewickelt sind. Plötzlich kommt ein Wesen mit leuchtendgrünen Haaren auf Sie zu, die zu einem Hahnenkamm hochgeklebt sind. Dazu trägt es schwarze Spitzenunterwäsche und darüber einen durchsichtigen blauen Gummi-Regenmantel. »Ist das nicht schrill«, quietscht die Unbekannte (jedenfalls vermuten Sie eine Dame in dem Kostüm).

1. Sie sind verblüfft und sagen: »Nein, so schwül finde ich es heute abend gar nicht.« (10 Punkte)
2. Sie fassen sich ein Herz und sagen: »In dieser Klinik will ich nicht Patient sein.« (20 Punkte)
3. Sie schauen gar nicht hin und antworten völlig cool: »Ich finde es affentittengeil, und in meinem Neonbad würde das echt stark kommen – gibt's hier eigentlich keinen Alk?« (30 Punkte)

c) Die Herren tragen Smoking, und die Damen in ihren Seidenroben sehen aus wie die Sahnebonbons kurz vor der Explosion. Es ist für Sie bereits die dritte Veranstaltung des Abends, und als der Butler nach Ihrem Namen fragte, konnten Sie nur noch »Hick« sagen. Aber er muß wohl »Flick« verstanden haben, und jetzt schwenken Sie dieses scharfkantige Kristallglas in der Hand, in dem der Champagner schäumt. In diesem Moment kommt ein Herr auf Sie zu, an dessen Jackett ein Orden von der Größe eines Bierdeckels bambelt: »Baron von Schick«, stellt er sich vor, »ich glaube, wir hatten noch nicht das Vergnügen.«

1. Sie sagen: »Die Feier ist doch nicht schlecht. Sagen Sie, hätten Sie vielleicht ein Bier für mich, auf Schaumwein muß ich immer rülpsen.« (10 Punkte)
2. Sie sagen: »Wieso denn, Barönchen, kommt denn noch irgendeine Strip-Nummer? Ihr Blaublütler seid doch immer für 'ne Überraschung gut.« (20 Punkte)
3. Sie machen einen schnellen Schritt auf Ihren Gastgeber zu, greifen sich an Ihr kleines Eurosignalgerät in der Brusttasche und raunen dem Ordenträger zu: »Verzeihen Sie, aber wo ist das nächste Telefon. Das Headquarter hat mich gerade angefunkt – wissen Sie zufällig, wann die nächste Concorde nach New York geht?« (30 Punkte)

Analyse:

0–30 Punkte:

Das war leider nichts. Ohne Phantasie läuft nichts. Geben Sie doch endlich mal Ihre Hemmungen auf. Glau-

ben Sie, Sie wären der einzige, der auf den schicken Festen ohne eine Mark in der Tasche dabei ist? Die meisten der Gäste haben ihren Frack und das Abendkleid von der Freundin aus dem Leihhaus. Die schwere Perlenkette ist aus Glas und der Rolls-Royce draußen längst gepfändet.
Ehrlich, ich weiß nicht, ob man Ihnen raten soll, weiterzukämpfen. Vielleicht liegt Ihre Stärke doch in einer gepflegten Beamtenkarriere. Nur gut, daß Sie noch niemandem von Ihren neuen Plänen berichtet haben. Gehen Sie morgen zurück in Ihr Büro, setzen Sie sich still hinter Ihren Schreibtisch, und warten Sie in aller Ruhe die nächsten zwanzig Jahre ab. Keine Angst, eines Tages wird die Türe aufgehen, der Männerchor »Harmonia« sich vor Ihnen aufbauen und ein resches Lied zur Pensionierung anstimmen – ei, wird das eine Freude.

30–60 Punkte:
Na bitte, Sie sind doch gar nicht auf den Mund gefallen. Vielleicht sollten Sie gerade am Anfang mit dem Alkohol etwas zurückhaltender umgehen. Obwohl besonders bei den Damen der besseren Kreise die Burschen mit dem rüderen Benehmen gerngesehene Gäste sind.
Keine hellblauen Nylonsocken zum Smoking! Und hören Sie auf, diese Ostfriesen-Witze zu erzählen. Schafkopf ist auch nicht gerade das Spiel, mit dem Sie eine Diplomatenparty unterhalten. Lernen Sie um auf Backgammon. Sonst sind Sie aber auf dem besten Weg, sich Ihr Zertifikat »Geprüfter Großstadt-Überlebenskünstler« ehrlich zu verdienen.

60–90 Punkte:
Donnerwetter, gegen Sie war ja der alte Konsul Weyer ein Waisenknabe. Weitermachen, so wie Sie spricht der Erfolgsmensch. Vielleicht sollten Sie Ihren Stil noch etwas verfeinern, besonders wenn Sie auf den höheren diplomatischen Dienst oder einen Ministerposten aus sind. Aber keine Angst, es wird schon klappen. Grüßen Sie Ihren Freund Helmut von mir.

Der unmögliche Gastgeber

Natürlich geht es beim täglichen Überlebenskampf in der Großstadt nicht nur um Einladungen in Ministerien oder gegrillte Wachteln auf den Botschaftspartys. Der tägliche Kleinkrieg um die eigene Glückseligkeit beginnt schon bei viel geringeren Anlässen: in den eigenen vier Wänden.

Da gibt es zum Beispiel diese reizenden, unkomplizierten Freunde, die sich nie ansagen und abends plötzlich schrecklich gutgelaunt in der Türe stehen. Genau in dem Moment, in dem man sich gerade mit der Tageszeitung und einem Bier in der Hand in die frisch eingelassene Badewanne begeben möchte.

Die unerwarteten Besucher stört das natürlich überhaupt nicht. Sie halten ihren Überraschungsangriff für ungeheuer »spontan« und sind durch nichts aufzuhalten. Wehe, Sie leisten Widerstand, dann gelten Sie sofort als Spießer.

Nicht nur, daß Sie beim Baden gestört wurden, diese »guten Freunde« nehmen sofort Kurs auf die Küche und stürzen sich auf den Kühlschrank, als hätten sie schon Tage nichts mehr zu beißen gehabt. Wenn Sie verzweifelt versuchen einzugreifen, heißt es nur: »Mach dir doch um Gottes willen keine Mühe.« Das Ergebnis: Der Aufschnitt fürs Frühstück einschließlich der 150 Gramm Parmaschinken sind weg, ebenso die kalte Roulade mit Ihrer Lieblingssauce, alle Oliven und das Bier.

Damit ist der Abend gelaufen. Denn kaum haben die lieben Besucher die letzte Butter aufs letzte Brot geschmiert, den letzten Teller benutzt und Ihre letzte Zigarette geschnorrt, müssen sie auch schon wieder gehen: »Tschüüüs, aber wir haben noch ein Date. Es war so schön, wieder mal bei dir hereinzuschauen und ein bißchen zu plaudern.«
Da stehen Sie dann. Von Plaudern konnte gar keine Rede sein. Die Gäste sind nur schnell ihre Klatschgeschichten losgeworden, soweit sie mit vollem Mund überhaupt reden konnten, und Sie wurden sowieso nicht gefragt. Jetzt ist der Eisschrank so leer wie die Kasse der Bundesbahndirektion, und Ihr Badewasser ist längst eiskalt.
So etwas sollten Sie sich nicht bieten lassen, und es gibt durchaus Möglichkeiten, solche heuschreckenartigen Überfälle auf Ihre kargen Vorräte zu verhindern.
Besorgen Sie sich erst einmal einen zweiten Eisschrank. Den stellen Sie ins Schlafzimmer. Allerdings sollte man darauf achten, daß er auch bei sorgfältiger Suche nicht zu entdecken ist. Besonders vorteilhaft ist es, das Kühlgerät in die Schleiflack-Schrankwand zu integrieren. Unterschätzen Sie nicht die Entschlossenheit Ihrer hungrigen Gäste.
Während Ihr Schlafzimmereisschrank randvoll ist, lassen Sie im Eisschrank in der Küche nur einige ausgesuchte Spezialitäten zurück. Besonders bewährt haben sich Lebensmittel älteren Datums: Tomaten (leicht angefault), Käse (sehr alt und total ausgetrocknet), Sahne (sollte sich bereits in Quark verwandelt haben), Butter (ranzig und dunkelgelb), dazu noch ein paar Scheibchen Wurst (hauchdünn geschnitten, aber von der Kon-

sistenz uralter Kartoffelchips). Als Getränke kommen nur Limo und Cola (aufschrauben und mindestens einen Tag offen stehenlassen) in Frage.
Seit einigen Jahren hat sich die Unsitte eingebürgert, bei Essenseinladungen regelrechte Kochorgien zu veranstalten. In den Buchhandlungen werden schon mehr Koch- als Sex-Bücher angeboten, und als Gastgeschenk bekommt man statt Pulle oder Bestseller immer öfter Knoblauchpressen und Salatschleudern mitgebracht.
Damit muß irgendwann einmal Schluß sein. Auch der beste Haushalt kann nicht mehr als zehn Knoblauchpressen verkraften, und wann, um Himmels willen, soll man den original nordafrikanischen Couscous-Topf oder die wagenradgroße Paella-Pfanne zum Einsatz bringen?
Es ist also an der Zeit, gegen diesen Gourmet-Terror etwas zu unternehmen. Vielleicht gehören Sie zu den Leuten, die hier Schwierigkeiten haben. Kein Wunder, Sie waren ja so stolz auf ihre dämliche Honig-Ente und die blöde Lachsterrine, daß Sie sogar völlig Unbekannte eingeladen haben, nur um mit Ihren Kochkünsten zu protzen. Jetzt stecken Sie natürlich bis zum Hals in der Sauce und können zusehen, wie Sie den Ruf als Küchenspezialist wieder loswerden.
Sie haben sich in ein Labyrinth von Einladungen und Gegeneinladungen verstrickt. Ihre Einschätzung von Gerichten wie »Spaghetti al pesto« oder »Lammbraten in Zitronensauce« gilt bei Ihren Freunden wie ein Gottesurteil, und eine Essenseinladung an Ihrem Küchentisch ist so begehrt wie eine Rolle bei »Denver-Clan«.
Was bleibt da noch zu tun?
Geben Sie doch einfach mal ein Dinner der unbekömm-

lichen Art. Lassen Sie die Spaghetti anbrennen (doch, das geht wirklich), und servieren Sie Tomatensauce aus dem Fertigglas. Dazu reichen Sie am besten einen gepflegten österreichischen Wein – irgend so etwas von der Sorte »Vollrebenauslese Dicker Mönch extra süß«. Zum Nachtisch gibt es einen Fertigpudding, den man noch dadurch geschmacklich neutralisieren kann, daß man statt der vorgeschriebenen Milchzugabe einfach Wasser dazumischt.

Wer Lust hat, kann sich hinterher noch ein Stück trockenes Weißbrot aus der Brotkiste klauben oder in eine der Tomaten beißen, die Sie vorsorglich fallen gelassen haben, damit sie so richtig matschig wurden. Den Erfolg Ihrer Party erkennen Sie daran, daß die Gäste zum erstenmal schon um 21 Uhr müde werden und vom Aufbrechen reden. Sollte das nicht so richtig klappen, können Sie sich auch als Gastgeber – Motto: »Mann, habe ich ein Kopfweh, was war das nur für ein Scheißwein« – vorzeitig ins Bett zurückziehen.

Sollte sich nach diesem Abend trotzdem noch einmal einer der Gäste bei Ihnen melden, dann können Sie davon ausgehen, daß Sie einen echten Freund besitzen.

Dinner for me

Zum Glück gibt es ja immer noch genug Menschen, die sogar die Spaghettis aus der Dose essen und deren höchste Küchenleistung darin besteht, eine Tütensuppe korrekt anzurühren. Verständlicherweise verspüren auch solche »Hobbyköche« manchmal Lust auf so eine richtig gemütliche Dinnerparty im engen Freundeskreis – wenn die Sache nur nicht mit lästigen Arbeiten wie Einkaufen, Kochen oder gar Abspülen verbunden wäre. Keine Angst, es geht auch anders.

Nutzen Sie die Gelegenheit, wenn Sie einmal mit guten Freunden in einer fröhlichen Runde beisammensitzen. Erfahrungsgemäß kommt an einem solchen Abend das Gespräch mindestens fünfzigmal auf das Thema »Essen«. Da müssen Sie Zunder geben. Schwärmen Sie von einem bestimmten Gericht und vom Essen im großen fröhlichen Kreis nach Art der Sizilianer. Wenn die Runde so richtig in Stimmung ist, dann laden Sie einfach alle ein. In dieser Euphorie wird keiner ablehnen.

Natürlich haben Sie vom Kochen keine Ahnung, und in Ihrer kleinen Einbauküche ist nicht einmal genug Platz, um auch nur die Mäntel aller eingeladenen Gäste abzulegen, aber darauf kommen wir sofort.

Wenn die Stimmung so richtig auf dem Höhepunkt ist, sagen Sie etwas in der Art: »Na ja, vielleicht müßt ihr bei mir ein wenig zusammenrücken.« Da haben Sie mit Ihrem Einzimmer-Appartement nicht untertrieben. Jetzt werden alle Sie trösten, und es wird sich schnell jemand

finden, der vorschlägt: »Dann feiern wir dein Fest doch einfach bei mir.«
Genau darauf haben Sie gewartet – »Das kann ich doch nicht annehmen« –, denn damit sind Sie nicht nur aus dem Schneider, sondern haben auch noch Ihr Image aufpoliert. Mit »Ihrem« Fest haben Sie ab sofort nichts mehr zu tun, außer daß Sie als Gast erscheinen. Dafür gibt es die von Ihnen so angepriesene Lieblingsmahlzeit, alle haben das Gefühl, man wär' bei Ihnen zu Gast, auch wenn woanders gefeiert wird, und Sie können auch noch den Abwasch Ihren lieben Freunden überlassen.

Ganz ungestört im Hier und Jetzt

Kinder

Zu Unrecht verteidigen immer noch einige Politiker und Großeltern die Theorie, daß nur reicher Kindersegen den direkten Weg zum absoluten Glück schaffen könnte. Das ist natürlich Blödsinn. In Wahrheit haben Kinder im Leben eines echten Großstadtmenschen so wenig Platz wie Nilpferde oder Küchenschaben.
Vielleicht haben Sie das schon aus eigener bitterer Erfahrung lernen müssen. Verzweifeln Sie nicht, noch ist es nicht zu spät, aus dieser scheinbar so ausweglosen Situation auszubrechen und zu dem gewohnten, ruhigen und bequemen Leben der Vorkinderära zurückzufinden.
Viele Psychologen behaupten, daß ein Kind nur dort glücklich werden kann, wo es eine liebevolle (sprich willenlose) Bezugsperson (sprich Eltern) hat, die ständig darum besorgt ist, daß es weder Bettnässer noch Schulversager, Alkoholiker oder Politiker wird. Wie die Eltern bei diesem Streß selber glücklich werden können, danach fragen die Psychologen natürlich weniger.
Wenn Sie Ihre Gesundheit schonen und Ihre Seele retten wollen, gibt es nur einen Weg: Machen Sie es Ihren Kindern zu Hause so ungemütlich wie möglich.
Verbieten Sie ihnen das Fernsehen. Die Folge: Ihr Kind wird zu den »netten Nachbarn« mit dem reizenden Töchterchen gehen und dort seine Nachmittage vor der Glotze verbringen.

Eines Tages kommt dann Ihr kleiner Liebling und erklärt: »Die Helga von nebenan hat aber eine viel nettere Mami, und der Papi spielt auch immer mit uns.«
Jetzt haben Sie die Chance, wirkliche Toleranz und Größe zu beweisen. Brechen Sie nicht in Tränen aus. Vermeiden Sie auch Sätze wie: »Du undankbares Biest. Glaubst du, wir haben dich fünf Jahre lang ernährt und gepflegt, damit du jetzt zu den Müllers, diesen Oberspießern, ziehst?«
Nein, sagen Sie statt dessen: »Da hast du ganz recht. Darüber haben wir auch schon nachgedacht. Wie wär's denn, wenn du Helgas Mami fragst, ob du heute mal bei deiner Freundin übernachten darfst?«
Ihr Kind wird von Ihrer Großzügigkeit begeistert sein und Sie vor den andern Eltern nur loben. Versuchen Sie, diese Übernachtungen bei der besten Freundin möglichst oft zu wiederholen.
Ganz langsam werden Sie merken, daß wieder Ruhe in Ihre Wohnung einkehrt. Ihr Kind kommt nur noch vorbei, um sich das Taschengeld abzuholen, und Ihr Verhältnis zu den Nachbarn wird sich langsam abkühlen.
Solche Maßnahmen lassen sich natürlich nur in früher Kindheit ergreifen. Sollte Ihr Nachwuchs schon älter sein und sich in Ihrem Haus auf ein gemütliches Leben bis zur Pensionierung einrichten, dann gilt es, schärfere Geschütze aufzufahren.
Auch in dieser Situation muß vor allem Abstand zur Brut geschaffen werden. Dabei wird Ihre Aktion um so wirkungsvoller verlaufen, je größer diese Distanz ist. Da es verboten ist, Söhne gegen ihren Willen bei der Fremdenlegion zu melden, und die Klöster zur Zeit überbelegt sind, bleiben nur noch die Pfadfinder oder der Schüleraustausch.

Egal, was Sie tun, vergewissern Sie sich, daß zwischen dem Reiseziel Ihrer Kinder und Ihrer Wohnung mindestens ein Ozean liegt.
Falls Sie Hemmungen haben, Ihre »unschuldigen Engelchen« alleine ins Leben hinauszuschicken, sollten Sie sich einige »Dokumentarfilme« anschauen, die recht deutlich zeigen, was in den Köpfen der kleinen Ungeheuer wirklich vorgeht. Zu empfehlen wären da so klassische Werke wie »Exorzist« oder »Das Omen«.
Natürlich gibt es Leute, die unbelehrbar sind, die glauben, daß sie dringend ein frisches Kinderlachen in unserem gemütlich-ruhigen Betondschungel brauchen. Bitte schön, aber dann sollten Sie sich auf das Ereignis entsprechend vorbereiten.
Für alles gibt es Vorschriften. Wenn jemand einen kleinen Tiger oder eine Pythonschlange zu Hause halten will, werden zum Schutz der Umgebung strenge Sicherheitsauflagen gefordert. Doch dem tückischsten aller Lebewesen, dem Kleinkind, sind harmlose Nachbarn hilflos ausgeliefert.
Sollte Sie also der Kinderwunsch plagen, dann bereiten Sie Ihre Wohnung entsprechend vor. Teilen Sie die Räume in eine Kinder- und eine Erwachsenen-Sektion auf. Falls Sie nur einen Eingang besitzen, läßt sich der Weg zum Kinderzimmer sehr gut mit einem Löwengitter (fragen Sie im Zirkus) sichern.
Nach einer internationalen Eltern-Umfrage kennt die kindliche Psyche nur drei Bedürfnisse: das Brüllen, den Hunger und die Zerstörungswut. Der Hunger ist leicht zu stillen, indem man jeden Tag einige Kilo Brei in die hungrigen Mäuler schaufelt, und gegen das Brüllen helfen schallschluckende Türen oder ein doppelter

Whiskey. Schwieriger in den Griff zu bekommen ist dagegen die Zerstörungswut.
Hier richtet sich das Augenmerk des aufgeweckten Kindes vor allem auf technisches Gerät wie Stereoanlage, Videorecorder oder Fernseher. Mal ganz abgesehen von der lästigen Begleiterscheinung, daß die kleinen Lieblinge den Weg ins Wohnzimmer grundsätzlich mit farbigen Tintenstiften markieren.
Weder Bretter noch Stuhlbarrieren oder Stacheldraht können die Plage aufhalten. Als einzig brauchbare Abwehrmaßnahmen haben sich bisher große Barrieren schnell sättigender Süßigkeiten oder in Likör getauchte Schnuller bewährt.
Wie auch immer Sie sich entscheiden werden, denken Sie daran: Das Rückgaberecht bei Kindern erlischt automatisch mit der Geburt.

Hunde

Wie konnten Sie nur diesen Quatsch glauben: Der Hund ist der beste Freund des Menschen. Das galt vielleicht zu Zeiten, als unsere Vorfahren noch in Höhlen schliefen und die vierbeinigen Hausgenossen sich als lebende Wärmflaschen ihr Futter verdienten. Doch dieses Thema ist seit der Erfindung der Wollsocken längst passé.
In Wirklichkeit sind die kläffenden Fusseltiere heimtückische Ungeheuer, nur darauf aus, uns das Leben zur Hölle zu machen.
Jahrhundertelang haben sie an einem Trick geübt, den einfältige Zeitgenossen als den »treuen Hundeblick« be-

zeichnen. Dabei lauern sie uns mit dieser Masche immer genau in dem Moment auf, in dem wir uns gerade gemütlich mit einem Bier vor der Sportschau niedergelassen haben.
Dann kommt der »Bitte-Gassi-gehen«-Blick, der »Wann-bekomme-ich-denn-mein-Happi«-Blick oder der »Ich-will-gekrault-werden«-Blick, und dabei fegen sie auch noch mit ihrem Schwanz das Glas vom Tisch.
Wenn sich einer Piranhas in der Badewanne oder einen Skorpion in der Schublade hält, gilt er als gefährlicher Spinner. Wer dagegen einen zähnefletschenden Köter in der Wohnung hat, ist immer ein netter Mensch mit einem Herz für Tiere.
Kein Wunder, so ein Hund schafft Freunde und viele überraschende Kontakte. Da gibt es etwa den Fahrradfahrer, den Ihr Köter im Park erlegte, den Jogger mit der zerfetzten Hose oder den netten alten Mann mit den Krücken, den Sie ins Krankenhaus fuhren, nachdem er Lumpi nur mal streicheln wollte.
Eine Tücke der Vierbeiner besteht nämlich darin, daß sie uns jahrelang die Masche mit der treuen Hundeseele vorspielen, um eines Tages ganz unvermutet zuzuschlagen. Da verwandelt sich der brave »Schnuffi« plötzlich in den »Hund von Baskerville« und reißt den Postboten in Stücke, nur weil der gewagt hat, zweimal zu läuten.
Irgendwann dämmert jedem Hundehalter in der Großstadt die Erkenntnis, daß es das klügste wäre, sich von seinem Ungeheuer wieder zu trennen. Doch spätestens hier stößt er auf Probleme. Denn anders als bei Kindern wird das Wohl der Hunde von Organisationen überwacht, die zum Äußersten entschlossen sind.
Da droht in manchen Gegenden schon Gefängnis,

wenn man im Bus nur mal vergißt, seinen Platz schnell genug für einen Vierbeiner zu räumen. Verfolgt wird auch, wer Parks und Anlagen mit Papier, Flaschen oder Dosen verschmutzt, so daß die geliebten Flohschleudern für ihr allmorgendliches Geschäft kein sauberes Plätzchen mehr finden.

Eigentlich gibt es überhaupt nur einen vernünftigen Grund, warum es sich lohnt, einen Hund in der Wohnung zu halten: Nachdem Ihr »Fiffi« nämlich den Postboten mehrfach angeknurrt, angesprungen oder ihm die Briefe aus der Hand gerissen und zerfetzt hat, wird sich der Briefträger fortan weigern, Sie noch länger zu beliefern. Auf diese Weise entgehen Ihnen zwar all die schönen, sinnlosen Reklamebroschüren, dafür bleiben Ihnen aber auch lästige Bankauszüge, Rechnungen und der Bogen des Volkszählers erspart.

Zur Bewachung von Eigentum eignet sich der Vierbeiner weniger. Erstens käme keiner auf die Idee, Ihre alten Unterhosen, den defekten Staubsauger oder das Sofa mit den Kaffeeflecken zu klauen, und außerdem ist nichts unrentabler als eine Alarmanlage, die man ständig bürsten, füttern, unterhalten und Gassi führen muß. Da gibt es inzwischen elektronische Geräte, die bei einem Bruchteil an Kosten und Aufwand gleiche Dienste leisten und auf Wunsch sogar bellen können – und zwar umstellbar im Rhythmus von »Freude, schöner Götterfunken« oder »Djingle Bells . . .«. Es ist also sinnvoll und kostensparend, sich sofort vom Hund zu trennen.

Das waren noch Zeiten, als man den besten Freund des Menschen mit etwas Proviant im Rucksack und einem Empfehlungsschreiben in der Tasche auf Wanderschaft schicken konnte. Heute machen Sie sich bereits strafbar, wenn Sie Ihren Vierbeiner nur mal unbeaufsichtigt zum Zeitungholen schicken. Der Trick mit dem Aussetzen auf der Autobahn taugt auch nichts mehr, seit jeder normal begabte Großstadtköter in der Lage ist, mit dem örtlichen Tierschutzverein zu telefonieren.

Einen Hund loszuwerden ist sehr viel komplizierter als ein Kind oder nur den Ehepartner – von der gesellschaftlichen Ächtung, die Sie dabei trifft, einmal ganz zu schweigen.

Früher, als Hunde noch Tiere waren, konnte man den lästigen Hausgenossen einfach irgendeinem Institut zukommen lassen. Sollten Sie das heute versuchen, müssen Sie mit Ihrer sofortigen Verhaftung rechnen.

Bleibt nur noch der Trick mit den »netten Freunden«. Dabei suchen Sie sich eine Familie mit Kindern aus. Besuchen Sie die Ahnungslosen, und wenn die Kinderlein so richtig lustig mit Ihrem Hund spielen, fragen Sie die Kleinen: »Was würdet ihr sagen, wenn Waldi für immer bei euch bleibt?«

Dieser Trick zieht eigentlich immer, da kleine Kinder und Hunde in Interessen und Charakter eng verwandt sind. Sie sollten allerdings darauf achten, daß die Eltern von Ihrem Angebot zunächst nichts mitbekommen.

Bis zum späten Nachmittag haben Hund und Kinder eine verschworene Gemeinschaft gebildet. Keine Eltern können diesen Pakt wieder trennen, wenn sie nicht tagelange Wutanfälle und Tränenausbrüche ihrer Kinderchen in Kauf nehmen wollen.

Tiere haben einfach keinen Platz in einer Großstadtwohnung, wenn man mal von tiefgefrorenen Hühnern oder Krabben in Mayonnaise absieht. Wenn Sie mir nicht glauben, dann helfen vielleicht ein paar anschauli-

che Filmbeispiele, um Sie zu überzeugen. Sehr geeignet wären da »Kujo« (ein Bernhardiner dreht durch), »Der weiße Hai« (ein Fisch dreht durch) oder »Alien« (ein Salamander dreht durch).
Sollte Ihr einsames Herz trotzdem nach irgend etwas Lebendigem schreien, und Ihr alter Gummibaum genügt Ihnen nicht mehr, dann stellen Sie sich zur Not ein Glas mit Goldfischen auf den Kaminsims. Wenn Sie überraschend verreisen müssen, machen Sie sich um den Verbleib der lieben Tierchen nur keine Sorge. Lassen Sie einfach das Oberlicht eine Handbreit offen – den Rest erledigt die Miezekatze Ihres Nachbarn. (So hart sind die Gesetze im Großstadtdschungel.)

Die schnelle Mark

»Ich werde nie genug Geld verdienen, um mir das Leben leisten zu können, das ich führe«, so lautet eine traurige, aber wahre Erkenntnis, die den meisten von uns irgendwann einmal zwischen Telefonrechnung, Ratenzahlung und wöchentlichen Bankauszügen ereilt. Das Deprimierende bei der Sache ist: An diesem Zustand wird sich in absehbarer Zeit auch nichts ändern.
Die Zukunft ist eben längst auch nicht mehr das, was sie mal war. Unsere Eltern sparten noch aufs Eigenheim, die Waschmaschine und den goldenen Lebensabend. Wir sind heute schon froh, wenn sich unsere Zukunft und der Frieden der Welt wenigstens über den verregneten Sommer retten. Welcher Genuß, wenn die Spitzenpolitiker aus Ost und West mal ein paar Tage Urlaub machen und einige Tage ohne Drohung mit dem »großen Knall« vergehen.
Kein Wunder, daß bei solchen Aussichten die Lust am Job verschwindet. »Keinen Bock aufs Büro« heißt längst die Parole. Warum sich plagen, wenn's eh nicht mehr lange dauert. Denn eines ist doch klar: Wenn wir nicht alle in der atomaren Eiszeit erfrieren, dann schafft uns der saure Regen, und wer den überstehen sollte, hat wahrscheinlich Cadmium in der Niere oder Aids in der Birne. Egal, was wir tun und wie wir uns zu schützen versuchen, die Gifte aus Auspuffrohren, Industrieschornsteinen und Mülldeponien sind stärker als wir.
Da kann der richtige Großstadtkämpfer nur eine Konse-

quenz ziehen: Soviel Geld wie möglich bei sowenig Arbeit wie nötig verdienen und dabei konsumieren, daß es nur so kracht. In diesem Zusammenhang können Sie natürlich Ihren Job als Angestellter vergessen. Ob es dagegen ein besonderes Glück ist, einen unerschütterlichen Beamtenstuhl unter Ihrem Hintern zu spüren, der Ihnen eine Lohnfortzahlung auch nach dem atomaren Holocaust garantiert, scheint zweifelhaft.

Gesucht wird also eine Möglichkeit, die schnelle Mark zu machen, und das bei vollem Freizeitausgleich. Offensichtlich gibt es in diesem Bereich einige Spezialisten, die den Anfängern unter den Großstadtkämpfern Tränen des Neides in die Augen treiben können:

Ein Schlüssel zum schnellen Glück mit Kaviar und Champagner liegt immer noch im Filmgeschäft. Allerdings nicht dort, wo sich das die deutsche Kinoindustrie erträumt – aber Sie wollen ja auch Geld verdienen und nicht mit Kunstwerken in die Filmgeschichte eingehen.

Der Trick besteht darin, daß man als Filmproduzent um so mehr verdient, je billiger man den Streifen produziert. Da liegt natürlich der mathematische Schluß nahe, daß man am meisten verdient, wenn man überhaupt nichts produziert – genauso ist es auch. Die Methode, die hier von einigen Spezialisten erprobt wurde, ist ganz einfach:

1. Sie werden Filmproduzent. Das ist überhaupt kein Problem, da dieser Titel nicht geschützt ist.

   Gründen Sie einfach eine Firma, und geben Sie ihr einen gutklingenden Namen. Wie wäre es mit: »Cash-Film«? Das klingt nach Erfolg und Bargeld in der Kasse – etwas äußerst Seltenes in der Branche –, was Sie Ihren Geldgebern auf Anhieb sympathisch macht.

Auf den Briefkopf gehört noch die Angabe der Filialen Ihrer berühmten Firma. Am besten klingt da »Los Angeles – Paris – Saint-Tropez«. Auch wenn Sie noch nie über Emden hinausgekommen sind.

Fehlt nur noch die passende Bankverbindung. Da sollten Sie sich ein Plätzchen suchen, wo das bundesdeutsche Finanzamt keinen Zugriff hat. Wie wär's mit der »International Bank of Mali« oder der »Banco di Venezuela«? Als Firmensitz und somit auch Gerichtsort, falls mal die Gläubiger nach Ihnen sehen wollen, haben sich Panama oder Mogadischu (das klingt so schön nach deutscher Kolonie) bewährt.

2. Erfinden wir noch einen Titel für Ihr Projekt. Etwa »Der letzte Coup«. Wichtig ist vor allem, daß sich der Titel leicht ins Englische übersetzen läßt (»The Last Cow«), wegen der internationalen Vermarktung. Über ein Drehbuch sollten Sie sich erst Sorgen machen, wenn Sie wirklich jemand zwingen sollte, Ihren Film auch zu drehen. Aber das wollen wir doch, wenn irgend möglich, verhindern.
3. Gerüchte streuen ist eigentlich der wichtigste Schritt bei dem ganzen Unternehmen. Je besser Sie in diesem Punkt taktieren, um so mehr Geldquellen können Sie später anzapfen.

   Gehen Sie in die einschlägigen Kneipen, und munkeln Sie vom Millionenprojekt. Eine vernünftige Summe liegt bei 30 Millionen Mark. Deuten Sie etwas an von »Amerikaner wollen sich beteiligen« oder »Verträge mit dem US-Fernsehen so gut wie paletti« und »Videorechte mit Japan, alles klar«, öfter sollte auch das Wort »Starbesetzung« fallen.

Es muß klar werden, daß Geld keine Rolle spielt, die Finanzierung gesichert und eine Beteiligung an Ihrem Projekt eine sichere Geldanlage ist.

4. Suchen Sie sich einen schönen Drehort. Am besten irgendwo, wo der Schnaps billig, der Strand leer und die Sonne warm ist.
5. Jetzt fehlt nur noch das Geld. Da können Sie einfach nur abwarten. Irgendwann wird sich sowieso ein Redakteur des deutschen Fernsehens an Sie wenden und fragen, ob sich nicht sein Sender an dem Projekt beteiligen kann. Wenn Ihnen das noch nicht genügt, gibt es auch noch andere Methoden, um den Rubel rollen zu lassen:
   Suchen Sie nach Freiwilligen, und bieten Sie ihnen folgenden Deal an: Wer will, kann mitspielen (davon träumt jeder). Einzige Bedingung: Reisekosten und Kostüme müssen selber bezahlt werden, und als Projekt-Beteiligung ist eine Summe von DM 1955,– auf Ihr Firmenkonto zu entrichten. Als Rendite winken den Anlegern bei Kinoerfolg bis zu 10 Prozent Gewinn. Das ist natürlich rein hypothetisch, da deutsche Filme, bis auf ganz wenige Ausnahmen, sowieso nie Gewinne abwerfen.

Sie glauben, das klappt nicht. Irrtum, auf diese Weise hat Anfang 1985 ein gewisser Walter W. alleine in München und Düsseldorf über 1000 Geldanleger gefunden. Der Staatsanwalt mußte übrigens die Ermittlungen gegen den »Filmproduzenten« einstellen. Die Methode sei angeblich »außerordentlich dubios, aber nicht betrügerisch«.

Ein paar schöne Wochen machte sich auch kürzlich

eine kleine Gruppe tapferer Großstadtkämpfer, die ihr Einsatzgebiet vorübergehend aufs Land verlegt hatten.
Der Trick ist einfach, aber wirkungsvoll:

1. Sie nehmen eine Videokamera, damit die Sache auch professionell wirkt, und suchen sich ein einsames, möglichst häßliches Dörfchen auf dem Lande aus. Dort rücken Sie beim Bürgermeister an und erklären: »Wir kommen von ›Antenne 1‹ und wollen einen Bericht über Ihren wunderschönen Ort drehen.«
2. Sehen Sie zu, daß Sie sich ein möglichst häßliches Straßendorf aussuchen, durch das die Fernlaster donnern, nur so haben Sie Gewißheit, daß die Einwohner keinerlei Erfahrung mit dem Fernsehen und aufdringlichen Reportern haben. Die Folge: Das ganze Dorf wird sich darum reißen, vor Ihre Kamera zu kommen. Nehmen Sie sich also einige Tage Zeit, und lehnen Sie keine Einladung ab.

Auch ohne große Erfahrung sollte es Ihnen so gelingen, bei freier Kost und Logis mindestens eine Woche zu bleiben.
Es gibt Spezialisten, die solche »Einsätze« zu einer wahren Kunst kultiviert haben. Eine Gruppe hat da kürzlich nicht nur wochenlang in einem bayerischen Kurort in Saus und Braus gelebt, sondern sogar erreicht, daß einzelne Straßenzüge in ihrem Sinne renoviert wurden. Die Sache war der Bevölkerung im nachhinein so peinlich, daß von einer strafrechtlichen Verfolgung der Täter abgesehen wurde.
Von steigenden Arbeitslosenzahlen läßt sich der wahre Großstadtkämpfer natürlich nicht einschüchtern. Die Antwort auf die verlorene Arbeitsstelle ist der »Job«. Keine Angst, erfahrene Berufs-Jobber können sich mit

ihren zeitlich beschränkten Betätigungen mehr als nur gerade über Wasser halten. Mit der richtigen Idee und der nötigen Ausdauer kann man in diesem Gebiet nicht nur zu Geld, sondern auch zu jeder Menge Freizeit kommen, und das alles ohne die lästige Steuer.

Die Grenze setzt beim Jobben alleine die Phantasie. Natürlich gibt es auch hier wahre Künstler. Wie etwa der unbekannte Jobber, der in regnerischen Frühjahrsnächten Unkrautsamen auf die Rasen feiner Villen streute und sich später als Gärtner andiente.

Geradezu einen Orden verdient hat ein gewisser Kurt Wolf aus München mit seiner Idee des Quadratmeter-Inspektors. Der Trick ist ganz einfach: Stellen Sie fest, ob Ihre Miete laut Vertrag nach dem Quadratmeter berechnet wird. Meist geben die Vermieter die Wohnung ja ein bißchen größer an, als sie in Wirklichkeit ist. Messen Sie also genau nach. Schon bei einem Fehler von einem Quadratmeter (bei etwa 100 Quadratmeter Wohnfläche und 1000 Mark Miete im Monat) zahlen sie jährlich schnell einen Hunderter zuviel. Kaum zu glauben, welche Summe sich da in den letzten Jahren zusammengeläppert hat.

Vielleicht schlagen Sie Ihrem Vermieter statt einer Rückzahlung einen Vergleich vor. Geben Sie sich mit drei Vierteln der Summe zufrieden.

Wenn der Betrag in Ihrer Wohnung schon eine solche Summe ausmacht, dann können Sie sich vorstellen, welche Chancen sich da bei großen Büroanlagen ergeben. Bieten Sie den Firmen Ihre Dienste gratis an und handeln Sie ein Erfolgshonorar von etwa 40 bis 60 Prozent der Mieteinsparung aus. Einzige Voraussetzung: Hosen mit gepolstertem Knie und ein geeichter Zollstock.

Was sind schon Millionen?

Darüber wundern Sie sich doch auch schon lange: Woher nehmen nur die Leute immer die Millionen für ihre Riesenpleiten? Wo doch bei Ihnen schon eine 7,50-Mark-Überweisung zurückkommt, nur weil Sie wieder am Ende Ihres Überziehungskredites sind.
Die Antwort ist ganz einfach: Die anderen bekommen ihr Geld auch von der Bank. Nur statt mit feuchten Händen um einen 20000-Mark-Kredit zu bitten, holen sich die kessen Jungs gleich siebenstellige Summen ab – und das alles in genau der gleichen Sparkasse und bei demselben Filialleiter, der immer zu Ihnen mit salbungsvoller Oberarzt-Stimme sagt: »Jetzt müssen wir aber mal dringend schauen, daß wir unser Konto wieder klar bekommen.« Damit meint er dann die lächerlichen fünf Mille, mit denen Sie in den Miesen stehen.
So läuft eben der Hase: Wenn Sie wirklich zu Geld kommen wollen, müssen Sie entweder arbeiten wie ein Tier, oder Sie gehen einfach zu Ihrer Bank. Das Geheimnis heißt Großkredit, Baugesellschaft, Abschreibungsobjekt, Massentourismus, Segelyacht, Villa; und wenn im schlimmsten Fall alles den Bach runtergeht, dann haben Sie wenigstens gut gelebt. Auf geht's!
So kommen wir an die Millionen:

Klamotten: Natürlich treten wir diesmal nicht in ollen Jeans und verwaschenem T-Shirt auf. Wir wollen ja nicht an das Mitleid appellieren und demonstrieren,

daß wir die Kohle dringend nötig haben. Im Gegenteil, wir wollen dem Filialleiter zeigen, daß er mit uns Geschäfte machen kann.
Die richtige Kleidung ist ein Seidenanzug mit passendem Hemd und dezenter Krawatte. Dazu klassische englische Lederschuhe in der Farbe von reifen Kastanien und Trenchcoat (Burbury) oder leichten Mantel (Kamelhaar).
Ausrüstung: In der Hand halten wir das berühmte Aktenköfferchen. Dabei ist auch Alu oder Plastik erlaubt; aber nur von »Samsonite« (die ganz schmalen), besonders dann, wenn Sie in eine technische Branche investieren wollen. Wir haben dagegen braunes Kalbsleder, passend zu den Schuhen.
Achten Sie darauf, daß das Köfferchen schon leicht angeschmutzt ist. Das demonstriert Aktivität. Ein kleines Lufthansakärtchen am Griff (LA oder NY) steht für internationale Geschäftsverbindungen (die Aufkleber liegen überall im Flughafen rum).
Als unseriös gelten Aktenköfferchen, die das Markenzeichen des Herstellers als Muster tragen. Es sei denn, Sie stammen aus der Show- oder Modebranche.
Auch die übrigen Accessoires sollten mit äußerster Sorgfalt ausgesucht werden. Gut macht sich ein Ehering (bei langfristigen Projekten) oder ein Schulring, wie ihn die Amerikaner tragen (bringen Sie unauffällig das Gespräch auf Ihren Abschluß an der Harvard-Universität).
Vorsicht ist vor allem bei der Uhr geboten. Alles, was piepst, pfeift, mit Sonnenenergie läuft oder sich sonstwie unnatürlich benimmt, gehört einfach nicht an den Arm. Ihre Uhr sollte rund sein, Zeiger und Ziffern haben, und wenn es 12 Uhr mittags ist, spielt sie nicht die

Melodie aus »High Noon«, sondern zeigt nur still und korrekt die Zeit an.

Dabei gibt es allerdings eine Ausnahme. Erlaubt sind natürlich die Chronometer der bekannten Genfer Nobelmarke, die nur die ganz tollen Erfolgsburschen tragen. Sie wissen schon, die mit dem Tiefsee-Urwald-Wüsten-und-Himalaja-Image. Clevere Großstadtkämpfer haben natürlich zugeschlagen, als es ganz, ganz ähnliche Uhren vor einiger Zeit in Kaffee-Geschäften zu kaufen gab. Allerdings zu einem Preis, für den sie bei der echten nicht mal die Verpackung bekommen hätten.

Mit solchen dicken sportlichen Weckern am Handgelenk unterstreichen Sie Fitneß und fairen Kampfgeist im Geschäft. Allerdings sind nur die dezenten Modelle aus Gold oder Platin zugelassen. Die mit Diamanten besetzten Uhren sind etwas für unseriöse Emporkömmlinge oder die Herren mit den US-Schlitten und den mobilen Assistentinnen in den Bahnhofsvierteln.

Das Auto spielt nur eine Rolle, wenn es Ihnen gelingen sollte, im Schalterraum zu parken. Den Schlüssel auf den Tisch zu legen genügt nicht, weil ja gerade bei den feinen Marken streng nach Typenklasse unterschieden wird, und das sieht man nur, wenn die Mühle vor einem steht.

Günstig liegt der Fall, wenn Sie bei einer Filiale direkt vor der Tür parken können, denn der Filialleiter wird Sie nach Ihrem Gespräch gerne bis zum Auto begleiten. In der Großstadt kann man den Wagen auch auf das Trottoir stellen und beim Betreten der Bank einer Angestellten laut und deutlich sagen: »Ich habe keinen Parkplatz gefunden. Rufen Sie mich doch bitte, wenn eine Politesse kommt. Ich fahre den großen dunklen Mercedes

da draußen.« Bei Mercedes ist alles geeignet, was hinten S oder noch ein paar Buchstaben mehr hat.
Die Autos kann man erst mal leihen. Wenn Sie die Bank wieder verlassen, gibt es in dieser Hinsicht sowieso keine Probleme mehr.
Seriös und sportlich wirken auch noch alle Audis, die ein »Quattro« am Kofferraumdeckel stehen haben. Das ist nicht nur teuer, sondern klingt nach Ferienhaus in den Bergen. Zur Not dürfen Sie auch noch mit einem teuren Porsche anrollen.

Denken Sie daran, der Filialleiter, den Sie überzeugen wollen, ist auch nur ein Mensch, der natürlich ganz genauso auf bestimmte Statussymbole abfährt wie Sie selber. Zeigen Sie ihm also, was er sich alles leisten kann, wenn er mit Ihnen Geschäfte macht.
Genau hier liegt nämlich der Witz des ganzen Spiels. Natürlich ist der Bankmann frustriert, wenn täglich die Millionen nur an ihm vorbeifließen. Er will auch mal die Hände in den Geldstrom halten, aber bei 8000 netto im Monat ist da nichts drinnen. Dabei hätte er Geld genug. Nur gehört es leider nicht ihm, sondern seiner Bank. Damit kann er sich zwar nichts kaufen, aber ausgeben darf er es trotzdem: Bei Geschäften, die üppige Gewinne versprechen – und genau das haben Sie ja anzubieten.

Taktik: Bieten Sie ein Geschäft mit unglaublicher Rendite an. Dabei gilt die Regel: Je höher die Summe, um so blinder wird Ihr Geschäftspartner. So ab 5 Millionen erreichen Sie Regionen, die auch für Ihr Gegenüber nicht alltäglich sind. Wenn Sie ihm Gewinne von 25 Prozent vorgerechnet haben und er immer noch zögert, spielen Sie Ihren Trumpf aus. Beteiligen Sie den Mann am Geschäft. Sie werden sehen, plötzlich wird aus Ihrem griesgrämigen Filialleiterchen ein Wohnzimmer-J.R., und die kleine Sparkassenfiliale verwandelt sich für wenige glückliche Minuten in die Manageretage eines Finanzpalastes von Dallas. In diesem Moment lassen Sie Ihren Partner die Papiere unterzeichnen.

Geschäfte: Auch hier gilt die Regel: Je ungeheuerlicher das Geschäft, um so glaubwürdiger. Leider stehen ja inzwischen an der Costa del Sol schon so viele Neubauruinen, daß man den Strand kaum noch sieht, und die Sümpfe von Florida haben sich auch nicht gerade als fester Boden für sichere Geldanlagen erwiesen. Doch es gibt noch andere schöne Gegenden, die sich für große Wohn- und Ferienanlagen anbieten. Da wären die Wüsten Mexikos, die Wälder Kanadas, die Berge des Himalaja oder die hübschen kleinen Inseln im Pazifischen Ozean.

Wenn Ihnen das alles noch zu exotisch ist, dann bauen Sie eben Ferienwohnungen auf Norderney oder ein Wohnsilo auf Sylt. Es spielt eigentlich keine Rolle, was Sie anbieten, nur teuer muß es sein. Sie glauben gar nicht, wo die Banken überall bereit sind, ihr Geld zu investieren.

Sicherheiten: Es gehört zu den merkwürdigen Gepflogenheiten im Bankgeschäft, daß jeder Deal, jeder Kredit, den Sie sich holen, durch irgendeine Sicherheit abgedeckt sein muß. Aber auch hier zeigt sich wieder das Phänomen, daß solche Garantien um so dubioser sein dürfen, je höher die Summe ist, die die Bank herausrükken will.

Als Sicherheit haben sich so erstaunliche Dinge wie Diamanten aus Glas (mit dem Trick haben schon die Spanier den Inkas das Gold abgeluchst) oder der berühmte Nazi-Schatz im Toplitzsee (noch immer nicht gehoben) bewährt. Egal, was Sie als Sicherheit anbieten, üppig muß es sein. Vielleicht probieren Sie mal die Masche: »Wußten Sie, daß mir der Main zwischen Aschaffenburg und Frankfurt gehört? Können Sie sich vorstellen, was alleine das Wasser wert ist, bei einem Kubikmeterpreis von zehn Pfennigen?«

Die richtige Bank: Eigentlich ist jede Bank die richtige. Allerdings sollten Sie peinlich darauf achten, daß Sie nicht zu der Zentrale gehen. In den Hauptgeschäftsstellen sitzen die zäheren Manager, die auch mit großen Summen nicht einzuschüchtern sind und ständig die Fehler ihrer Filialleiter auszubaden haben. Suchen Sie sich also eine kleinere Geschäftsstelle einer potenten Bank, in der ein frustrierter Manager sitzt, der vom Geschäft seines Lebens träumt, damit er endlich in eines der schicken Büros in der Zentrale umsiedeln darf. Sie werden staunen, was für Kreditvollmachten so ein kleiner Filialleiter hat.

Wie die Beispiele der Vergangenheit gezeigt haben, sind besonders die Sparkassen und Landesbanken am unternehmungslustigsten, wenn es um risikoreiche Geschäfte geht.

Fazit: Zuletzt werden Sie feststellen, daß es viel leichter war, die zwei Millionen zu kassieren, als Ihren Überziehungskredit um 2000 Mark aufzustocken.

Tisch und Bett

Das Überleben in der Großstadt ist eigentlich mehr eine Sache für entschlossene Einzelkämpfer. Doch es hat sich in Ausnahmefällen auch die Teamarbeit bewährt. Das einzige kleine Problem bei der Sache ist nur, einen Partner mit ähnlichen Zielvorstellungen zu finden.
Das ist um so schwieriger, da die Liebe bekanntlich sogar Großstadtkämpfer blind macht und neue Partner sich gerne verstellen. Eine Weile werden Sie sich mit einem solchen Gefährten erfolgreich Schulter an Schulter durch den Dschungel schlagen. Doch irgendwann kommt unausweichlich der große Knall.
Meist sind es die ärgerlichen Kleinigkeiten im täglichen Zusammenleben, die das Aus bringen: Da sind ihm die Frühstückseier zu hart, er läßt immer die Socken in der Ecke liegen, und in ihrem Bett liegt eines Morgens ein Fremder. Da ist es gut, wenn man sich von Anfang an den Rückweg offengehalten hat.
Die normale Großstadtbeziehung beginnt auf einer Party: Plötzlich kippt Ihnen eine Unbekannte ein Glas Rotwein auf die Hose.
»Scheiße«, sagen Sie.
»Welches Sternzeichen sind Sie?« fragt die Unbekannte unschuldig zurück.
»Fisch«, sagen Sie und überlegen fieberhaft, wie Sie jetzt das Gespräch noch mal auf die Sache mit der Hose, der Reinigung und der Haftpflichtversicherung bringen können – zu spät.

»Ich bin Krebs«, sagt da schon die Dame mit dem leeren Rotweinglas, »wußten Sie, daß mich Fische magisch anziehen?«
Sie hatten natürlich keine Ahnung, was es mit den Krebsen auf sich hat. Dabei sind doch Sternzeichen seit Jahren das Thema Nummer eins auf jeder Party. Vergessen Sie Ihre Spiegel-Bildung von »Abrüstung«, »Glasnost« und Nicaragua. Gefragt ist Esoterik.
»Alle großen Männer sind Fische«, hakt sie noch mal nach, »denken Sie an J. R., Tarzan oder Mr. Spock.«
»Ich dachte, der wäre Raumfahrer«, wollen Sie schon sagen, doch da besinnen Sie sich im letzten Augenblick und erklären tapfer: »Seit Jahren lasse ich mir aus dem Kaffeesatz lesen.« – Das war Spitze.
»Das ist ja süüüper«, quietscht Ihre neue Bekannte begeistert, »ich habe auch eine Wahrsagerin, das ist eine echte Zigeunerin aus der Camargue.«
»Meine Wahrsagerin kommt aber aus Transsylvanien«, da haben Sie schon mehr zu bieten, »sie hat nur noch einen Zahn und ein Nummernkonto in Zürich.«
Schon ist ein herzliches, intensives Gespräch im Gange. Wie man in einschlägigen Magazinen lesen kann, führt die Kurzbekanntschaft dann noch in derselben Nacht automatisch ins Bett.
Die Wirklichkeit sieht natürlich ganz anders aus. Erst sind Sie den ganzen Abend damit beschäftigt, über die Vor- und Nachteile von Fischen, Krebsen, Kaffeesatz oder Kartenlegen zu reden. Das kostet Sie Ihre ganze Phantasie und die letzte Kraft. Wenn Sie viel Glück haben, ist Ihr Esoterik-Partner schließlich so genervt und betrunken, daß er widerstandslos mitkommt. Von einer wilden Sexorgie kann dann allerdings nicht mehr die

Rede sein – beide sind froh, wenn sie überhaupt noch ein Bett erreichen, egal, wem es gehört.
Das Teuflische an der Sache ist: Je überzeugter Sie als unabhängige/r Großstadtkämpfer/in auftreten, um so hemmungsloser wird sich der neue Partner in Sie verlieben.
Der Grund ist doch ganz einleuchtend: Ihr neuer Partner hat natürlich genau die gleichen Träume wie Sie, nur hat er keinen Mut, diese Träume zu verwirklichen. Darum wird er Sie für Ihren unabhängigen Lebensstil anhimmeln. Fazit: Machen Sie sich bereit, nach einer berauschenden Nacht die ganze Sache wieder zu vergessen.
Leider ist es nicht immer ganz einfach, aus einer solchen Liebesaffäre wieder herauszukommen. Doch es gibt einige wirkungsvolle Tricks und Hilfsmittel. Das sollten Sie immer als kleines Handgepäck dabeihaben:

Notgepäck:
1. Dicke Wollsocken und Angora-Unterwäsche
2. Aufkleber: »Achtung radioaktiv«
3. Spezialbrief (siehe unten)
4. Telefonnummern Ihrer Freunde in Übersee
5. Korkenzieher, Gummiente und eine Büchse Kichererbsen
6. 1 Olive
7. TV-Programmzeitschrift und Ohropax
8. Flaschenöffner
9. Bankauszug

Das schwierigste Problem in einer neuen Beziehung besteht darin, die richtige Balance zwischen den Interessen der beiden Partner zu finden. Anders ausgedrückt: Wie kann man möglichst ungestört bei der oder dem Neuen schlafen, lesen, essen und fernsehen, ohne dabei seine geliebte Unabhängigkeit aufgeben zu müssen?

Vorsicht, Ihr Partner wird natürlich von Anfang an versuchen, Sie an sich zu binden. Das müssen Sie in jedem Fall vermeiden. Versuchen Sie, ihn also immer dann zu stören, wenn er dabei ist, es sich besonders gemütlich zu machen. Das wird ihn auf sichere Distanz halten.

Situation: Nach langer Suche haben Sie in der fremden Wohnung eine verstaubte Flasche Bier gefunden. Nur gut, daß Sie einen Flaschenöffner dabeihaben, denn in den Küchenschubladen fanden Sie nur so sinnlose Utensilien wie Salatschleudern und Knoblauchpressen. Sie setzen sich gerade gemütlich vor die Glotze, um sich »Die Schwarzwaldklinik« oder Sportschau reinzuziehen, da erscheint Ihre neue Liebe und will über Ihre Beziehungskiste quatschen.

Reaktion: Sie gehen mit ins Schlafzimmer, lassen Angora-Unterwäsche und Socken an und erklären: »Obenrum bekomme ich immer Rheuma, und unten habe ich Fußpilz.«

Sollte das noch nicht helfen, dann sagen Sie: »Ich habe aber ganz ausgefallene Wünsche im Bett.«

Jetzt kann es Ihnen natürlich passieren, daß Ihr Partner mutig oder neugierig erklärt: »Aber Liebling, das macht doch nichts, mit mir kannst du einfach alles tun.« In diesem Moment ist es Zeit, auf Punkt 5 unseres Notgepäcks zurückzukommen.

Verschwinden Sie also kurz im Bad und kommen mit

folgenden Ausrüstungsgegenständen aus Ihrem Spezialgepäck zurück: Sie sind nackt, über den Bauch haben Sie die Gummiente gezogen, in einer Hand halten Sie den Korkenzieher und in der anderen die Dose mit den Kichererbsen. Dazu steppen Sie barfuß übers Parkett und singen: »Cha, cha, cha.«

Natürlich haben Sie keine Vorstellung davon, was man mit dem ganzen lächerlichen Kram ausrichten soll, den Sie da mit sich rumschleppen. Das spielt aber auch gar keine Rolle. Es genügt vollkommen, daß sich Ihr Partner irgend etwas vorstellt.

Sollte das immer noch nicht genügen, dann kommt der Brieftrick zum Einsatz (Vorsicht, diese Methode bewirkt mehr als eine Nacht, in der Sie in Ruhe gelassen werden – sie bewirkt meist die sichere Trennung):

Verfassen Sie an sich selber ein Schreiben, in dem sinngemäß steht: ». . . müssen wir Ihnen leider mitteilen, daß Sie eine schreckliche, ekelhafte und leider auch wahnsinnig ansteckende Krankheit haben. Jetzt wird sich jeder bei Ihnen anstecken, der Ihnen auch nur zu tief in die Augen sieht, von anderen Schweinereien ganz zu schweigen. Hochachtungsvoll Ihr Dr. Sowieso . . .«

Diesen Brief stecken Sie in einen Umschlag mit der Aufschrift: »Achtung, auf gar keinen Fall öffnen, wahnsinnig persönlich und irre aufregend.«

Lassen Sie diesen Brief einfach in Ihrer Hand- oder Brieftasche liegen. Es gibt wahrscheinlich keinen verliebten Partner auf der Welt, der angesichts dieses geheimnisvollen Umschlages widerstehen kann. Wenn es also plötzlich im Nebenzimmer einen dumpfen Schlag tut, ist das kein Grund zur weiteren Beunruhigung, Ihr neuer Gastgeber ist beim Lesen nur vorübergehend ohnmächtig geworden.

Vielleicht haben Sie ja schon versucht, Ihren Partner abzuschrecken, indem Sie beim Abwaschen das Meißner Porzellan fallen ließen oder die Wäscheschränke und Besteckschubladen umräumten. Sollte er oder sie trotzdem an einem Zusammenleben interessiert sein, lassen Sie unauffällig Ihren Bankauszug mit der 20000-Mark-Überziehung liegen. Damit disqualifizieren Sie sich automatisch als Ernährer einer zukünftigen Familie.
Während der Partner sich noch von dem Schock erholt, sehen Sie sich Ihre Lieblingssendung im Fernsehen an. Zum Glück hatten Sie ja Ihre Programmzeitschrift dabei, und mit dem Ohropax läßt sich verhindern, daß Sie auf die Vorwürfe Ihres Gastgebers antworten müssen.
Wenn er schließlich entnervt und laut schimpfend seine Wohnungstüre hinter sich zuschmeißt, wird es endlich gemütlich:
Wir suchen Wermut und Wodka und mixen erst einmal einen knochentrockenen Martini – was für ein Glück, daß Sie zufällig eine Olive im Gepäck haben. Dann kramen wir die Telefonnummern aus und rufen endlich mal wieder unsere Tante in Australien und die Schwester in San Francisco an. Anschließend sehen wir gemütlich fern, kleben das Schild »Achtung radioaktiv verseucht« außen an die Wohnungstüre und schlafen uns mal so richtig aus.

Vollpension zum Nulltarif

Die Deutschen reisen wieder, als hätten alle im Lotto gewonnen. Die Zeiten, wo noch das billige Österreich das teutonische Invasionsziel Nummer eins war, sind vergessen. Traurig blicken die Bauern der Alpenrepublik in den Himmel, dorthin, wo die Charterjets nach Süden ziehen, um ihren Passagieren mehr zu bieten als gepanschten Wein und Alpenglühn.

Sommer

Wer auf sich hält, fliegt an die Elfenbeinküste oder auf die Malediven oder sonstwohin, wenn es nur recht teuer ist und man ordentlich braun zurückkommt. Schließlich sollen doch die Nachbarn auch einen Grund haben, neidisch zu werden.

Immer beliebter werden gepflegte Reisen in sogenannte Clubdörfer. Alle, die das ganze Jahr in ihren kleinen klimatisierten Büros eingesperrt waren und als einzigen zwischenmenschlichen Kontakt das kurze Gespräch mit dem Mechaniker hatten, der ihr Computerterminal reparierte, können hier mal so richtig auf den Putz hauen.

Fröhliche Clubangestellte organisieren hier den ganzen Tag. Es wird gekocht, gejubelt, Sport getrieben und Kontakt geknüpft. Alles nach Plan. Sogar das Lachen wird einem abgenommen. Kein Wunder, daß so ein Ur-

laub ein Vermögen kostet. Aber natürlich lassen sich diese Paradiese mit Vollpension auch zum Nulltarif besuchen.
Diese exklusiven Ferienclubs sind mit hohen Zäunen gegen unerwünschte Gäste abgeschirmt. Um also in den unverhofften Gratis-Genuß aller angebotenen kulinarischen oder sonstigen Freuden zu kommen, gibt es nur zwei Möglichkeiten. Entweder man zahlt beim Reisebüro ein paar Tausender, oder man startet die sogenannte Ein-Mann-Landeoperation.
Für ungeladene Gäste bleibt schließlich immer noch der Seeweg offen. Zum Glück wird ja heute an fast allen Stränden nackt gebadet. Kein Problem also, irgendwo die Klamotten zu deponieren und schwimmend im Paradies zu landen.
Legen Sie sich einfach nur in den Sand, und beginnen Sie ein Gespräch. Wenn der Gong ertönt, greifen Sie sich irgendein Handtuch, wickeln es sich um die Hüften und spazieren zum Open-air-Büffet. Schlagen Sie sich erst mal den Bauch voll (Essen und Trinken meist umsonst).
Als nächstes Problem steht noch die Sache mit der Übernachtung an. Da die Clubs schon von Hause aus mit regem Partnertausch rechnen, ist es unproblematisch, Anschluß zu finden. Lassen Sie sich von Bungalow zu Bungalow einladen, und genießen Sie Ihre Ferien. Beschweren Sie sich manchmal über Spinnen im Klo oder Fliegen im Wein, und kein Mensch wird in Ihnen den illegalen Einwanderer vermuten.

Einige Millionen Menschen haben in ihren Winterferien nichts Besseres zun tun, als in halsbrecherischem Tempo vereiste Berghänge runterzurutschen. Das Ganze nennt sich Skifahren und gilt als ungeheuer sportlich.
Inzwischen kommt es längst nicht mehr darauf an, ob Sie Ski fahren, sondern wo Sie Ski fahren und womit. Es ist nämlich ein riesiger Unterschied, ob Ihre Ski von dieser, der nächsten oder gar der vergangenen Saison stammen.
Der rechte Großstadtkämpfer weiß natürlich, wie er aus diesem Materialwahn Kapital schlagen kann. Studieren Sie im Sommer die Kleinanzeigen in der Zeitung. Immer wieder stehen da Leute nach ihrem teuren Winterurlaub vor dem Bankrott und verkaufen die kostbarsten Bretter für einen Spottpreis.
Das ist ein anderes Phänomen beim Skilaufen. Der teure Ski von gestern ist dieses Jahr keinen Pfifferling mehr wert. Nicht weil er kaputtgegangen wäre, sondern weil »man« eben etwas anderes fährt.
Nachdem Sie so für wenig Geld zu einer ansehnlichen Skiausrüstung gekommen sind, müssen wir uns nun noch für das richtige Skigebiet entscheiden: Den schönsten Schnee gibt es leider dort, wo sogar für das Einatmen der frischen Bergluft schon Gebühren erhoben werden – in der Schweiz. Aber klingen solche Orte wie St. Moritz oder Gratz nicht auch in Ihren Ohren nach großer Welt? Nach teuren Pelzmänteln, Gunther Sachs und Prinzessin Di? Keine Frage, da müssen wir dabeisein.

Dummerweise ist in der Schweiz schon das Liftfahren so teuer, als würde man an der Kasse nicht Tickets, sondern Aktien kaufen, darum sollten Sie bereits hier Ihr Sparprogramm beginnen.
Verzichten Sie also auf Ihre schicken Skihosen und den hautengen Anorak. Suchen Sie sich die alte schwarze Keilhose von Ihrem Opa, und ziehen Sie sich einen dikken Pulli mit Lederflicken an den Ärmeln an.
Jetzt nehmen Sie die Skistöcke in die eine und eine große Schneeschaufel in die andere Hand. Traben Sie einfach an der kilometerlangen Reihe der anstehenden Skifans vorbei und schieben sich von vorne in den Lift.
Wenn Sie einer schräg ansehen sollte, dann ziehen Sie sich die Zipfelmütze ins Gesicht, spucken ein paar Tabakskrümel aus und murmeln etwas wie: »Grüezi, alle miteinand.« Jeder wird Sie für einen vertrottelten Angestellten der Liftgesellschaft halten, der die Piste reparieren fährt. Viel Spaß, und vergessen Sie nicht, vor der Abfahrt die Schaufel aus der Hand zu legen!

Geschafft!

------ *(hier abtrennen und in den Ausweis einlegen)* ------

GEPRÜFTER GROSS-STADT-ÜBERLEBENSKÜNSTLER

(wahnsinnig offizieller Ausweis)

Hiermit bestätigt der Autor dem Inhaber dieses Ausweises, den obengenannten Ehrentitel zu Recht zu tragen. Durch intensives Studium und Ablegen verschiedener Prüfungen hat Frau/Herr ____________ bewiesen, daß er/sie in der Lage ist, mit allen Problemen und Streßsituationen, die das Leben in der Großstadt mit sich bringt, fertig zu werden. Bitte unterstützen Sie die Bemühungen des Ausweisinhabers, sich auch weiterhin mit Witz, Geschick, guter Laune und immer ohne Geld über Wasser zu halten.

CLUB DER ÜBERLEBENSKÜNSTLER

× . . . .

(Unterschrift des Ausweisinhabers)

Humor

Knaur® Taschenbücher

Band 2124
128 Seiten
ISBN 3-426-02124-2

Über dieses Buch spricht die ganze Welt. *So sagten*

die Frau des Autors:
»Dies ist ein ganz hinterhältiges Buch. Angeblich handelt es von Liebe – aber ich kenne ihn, er meint nur Sex. Aber ehrlich gesagt, bei letzterem ist er längst nicht so komisch wie beim Schreiben!«

die Freunde des Autors:
(sind nach Erscheinen dieses Buches unbekannt verzogen).

der Verleger des Autors:
»Er ist das witzigste, komischste und albernste Talent in unserem Verlag. Das hat er mir selber gesagt…«